马克思主义简明读本

马克思主义的文化理论

丛书主编：韩喜平

本书著者：赵文静

编 委 会：韩喜平　邵彦敏　吴宏政
　　　　　王为全　罗克全　张中国
　　　　　王　颖　石　英　里光年

吉林出版集团股份有限公司

图书在版编目（ＣＩＰ）数据

马克思主义的文化理论 / 赵文静著. -- 长春：吉林出版集团股份有限公司，2014.4（2021.2重印）
（马克思主义简明读本）

ISBN 978-7-5534-2592-4

Ⅰ . ①马… Ⅱ . ①赵… Ⅲ . ①马克思主义－文化理论－研究 Ⅳ . ①A811.67

中国版本图书馆CIP数据核字（2013）第174379号

马克思主义的文化理论
MAKESI ZHUYI DE WENHUA LILUN

丛书主编：韩喜平
本书著者：赵文静
项目策划：周海英　耿　宏
项目负责：周海英　耿　宏　宫志伟
责任编辑：陈　曲
出　　版：吉林出版集团股份有限公司
发　　行：吉林出版集团社科图书有限公司
电　　话：0431-81629720
印　　刷：永清县晔盛亚胶印有限公司
开　　本：710mm×960mm　1/16
字　　数：100千字
印　　张：12
版　　次：2014年4月第1版
印　　次：2021年2月第4次印刷
书　　号：ISBN 978-7-5534-2592-4
定　　价：36.00元

如发现印装质量问题，影响阅读，请与出版方联系调换。

序　言

习近平总书记指出，青年最富有朝气、最富有梦想，青年兴则国家兴，青年强则国家强。青年是民族的未来，"中国梦"是我们的，更是青年一代的，实现中华民族伟大复兴的"中国梦"需要依靠广大青年的不断努力。

要提高青年人的理论素养。理论是科学化、系统化、观念化的复杂知识体系，也是认识问题、分析问题、解决问题的思想方法和工作方法。青年正处于世界观、方法论形成的关键时期，特别是在知识爆炸、文化快餐消费盛行的今天，如果能够静下心来学习一点理论知识，对于提高他们分析问题、辨别是非的能力有着很大的帮助。

要提高青年人的政治理论素养。青年是祖国的未来，是社会主义的建设者和接班人。党的十八大报告指出，回首近代以来中国波澜壮阔的历史，展望中华民族充满希望的未来，我们得出一个坚定的结论——实现中华民族伟大复兴，必须坚定不移地走中国特色社会主义道路。要建立青年人对中国特色社会主义的道路自信、理论自信、制度自信，就必须要对他们进行马克思主义理论教育，特别是中国特色社会主义理论体系教育。

要提高青年人的创新能力。创新是推动民族进步和社会发展的不竭动力，培养青年人的创新能力是全社会的重要职责。但创新从来都是继承与发展的统一，它需要知识的积淀，需要理论素养的提升。马克思主义理论是人类社会最为重大的理论创新，系统地学习马克思主义理论有助于青年人创新能力的提升。

要培养青年人的远大志向。"一个民族只有拥有那些关注天空的人，这个民族才有希望。如果一个民族只是关心眼下脚下的事情，这个民族是没有未来的。"马克思主义是关注人类自由与解放的理论，是胸怀世界、关注人类的理论，青年人志存高远，奋发有为，应该学会用马克思主义理论武装自己，胸怀世界，关注人类。

正是基于以上几点考虑，我们编写了这套《马克思主义简明读本》系列丛书，以便更全面地展示马克思主义理论基础知识。希望青年朋友们通过学习，能够切实收到成效。

韩喜平

2013年8月

目　　录

引　言

　　马克思主义的诞生，是人类近代工业文明发展到一定阶段的产物，是对人类文明成果的继承和创新。作为无产阶级政治实践经验的科学总结，马克思主义历史地构成了国际共产主义运动的指导思想，并且随着国际共产主义运动而不断发展，从而形成了无产阶级政治实践与马克思主义理论体系互动的生动场面。

　　发展和完善唯物史观，是马克思的伟大功绩，也是他毕生的事业。马克思不仅是个卓越的社会活动家，也是一个杰出的思想家和学者。当他在19世纪40年代创立了历史唯物论的同时，也以此为世界观和方法论，从繁杂的历史现象中揭示了经济与整个社会文化的关系，建立了唯物论的文化观。

　　马克思主义文化理论是在一定的社会历史背景下产生的，作为一种先进的文化理论，马克思主义文化具有阶级性、民族性、历史性、先进性等特征。马克思主义文化不是一成不变的，马克思主义者把马克思主义文化理论同各国实践相结合，与时俱进，不断创新，使马克思主义文化理论不断焕发生机和活力，列宁关于苏维埃文化建设的科学论述和见解，为社会主义国家的文化建设提出了比较系统的理论，是对马克思、恩格斯关于文化方面理论的继承和发展。

在中国，马克思主义文化理论通过与中国革命和建设实践相结合，得到了进一步的丰富和发展。毛泽东同志总结中国革命的实践经验，提出了文化和文化建设理论。在中国建设的新时期，中国共产党在领导中国人民进行社会主义现代化建设的过程中，不断解放思想实事求是，继承马克思主义文化理论精髓的基础上，形成了当代中国马克思主义文化的理论，主要包括邓小平的文化理论，江泽民的文化理论，胡锦涛的文化理论等。在当今世界，文化已经成为综合国力的重要组成部分，因此，重视文化软实力建设，建设文化强国，才能屹立于世界民族之林。

第一章 文化的概念

第一节 文化的起源及概念

一、文化的起源

文化是人的文化，有了人才会有文化。它是与人类历史并存发展的，它是无网之网，世界与人生，社会与个人时时刻刻都被包容其中。苏联学者斯比尔金指出："在人之外活在人之前不可能有文化。同样，在文化之外或在文化之前也不可能有人。"但是人和人的文化是在劳动中创造的，劳动创造了人，创造人类社会的同时也创造了人类的文化。因此，文化是随着人类劳动的产生而产生的，是伴随着人类智力的发展而发展的。恩格斯指出："人的智力是按照人如何学会改变自然界而发展的。"体现人类劳动成果的文化。它的产生和发展，从最基本上说都来源于人类的实践，特别是人类的劳动实践，劳动无论是对文化的产生还是发展都具有决定性的意义。

除了劳动以外还有很多其他影响文化的因素。劳动必须在一定的自然环境和一定的社会环境下，同一定的自然条件、社会条件相结合的情况下，才有可能创造一定的文化。比如捕鱼文化总是与河流、海洋自然条件联系在一起，没有河流、海洋，也就没有相应的鱼类生存，也就谈不到捕鱼劳动的实践，也不可能有捕鱼文化的产生和存在。再比如说狩猎文化，总是与草原、森林等自然条件联系在一起，没有相应的野兽生存，也谈不上人类的狩猎劳动，也不可能有狩猎文化的产生和存在。

人要劳动必须有生产工具，而制造生产工具是人与动物区别的本质特征之一，它既是文化产生的重要原因，也是文化产生的重要标志之一。因为制造生产工具本身就包含并且体现着文化。

语言是人与动物相区别的本质之一，语言也是文化产生的重要原因。

第一，语言作为一种符号性的交流工具，它使人们有了特殊的交流思维能力，从而能够更广泛、更深刻地进行信息传递，使人们能够结成社会，从事各种社会实践活动。由于动物之间没有语言，也没有借助语言进行交流的能力，只能发出一些单调的声音，反映一些表面的事物，使他们的信息交流只能限制在短暂而狭窄的范围内。

第二，语言作为符号性的一种用于思想交流的工具，可以使社会成员不断地积累经验和知识，从而避免前人所犯下的错误，进一步提高实践活动的效率，人类视野变得愈来愈广，改造自然的能力相应地也会提高，这一点也是动物所没有的。动物由于没有语言，没有经验和知识的积累，它们的活动注定世世代代永远停留在一个水平上，它们只能本能地适应外部环境。

第三，语言作为一种符号性思维的工具，不仅能够促进人们思想的交流，增强知识经验的积累，而且更为重要的是它能够进行抽象思维和逻辑推理，认识事物的现象和本质，从而使人们能够自觉主动地按照事物的发展规律进行实践活动，不断地在改造自然和改造社会中进步，创造出丰富灿烂的人类文化。但是动物不同，动物没有语言，也没有复杂的思维能力，也就没有像人那样自觉地进行改造客观世界的实践活动，也就不能成为文化的创造者。

　　语言的产生与工具的制造出现一样，它也从一个方面说明了文化的产生和起源。语言的产生是生产文化的标志之一。语言的发展也从另一个方面反映着人类文化的发展。与工具的制造、语言的产生紧密相关的是人脑和思维能力的产生和发展，是人类智慧的产生和发展，这一点对于文化的产生和发展来说是最本质的。

　　在人们生产实践活动和社会交往活动的基础上，借助语言，以思维为特征的人的意识也产生和发展起来了，人们也才有独具的智慧。也正是由于具有以思维为特征的意识和智慧，人才成为具有思维和智慧的动物，人也才成为真正意义上的人。人有了意识，就使自己能够自觉地按照一定的目的，为了满足自己某种特定的需要而进行创造性的活动。人有了思维，就能通过事物的现象，发现事物的本质，从而达到对于事物规律性的认识。借助于思维和智慧，人就能按照客观事物发展的规律，自觉地进行改造客观世界的物质活动，人们生活的世界才能被打上主观认识的印记，打上人的印记。

　　人的意识与智慧的产生和发展，意识和智慧支配下的实践活动的产生和发展，使得各种物质文化得以创造，各种文化得以形成，各种精神文化逐渐产生，人们生活的世界因而成为给自然界打上人的主观印记、打上人的智慧和实践印记的文化世界。

因此，人们生产劳动的实践活动是产生文化的最终根源，伴随它而出现的生产工具的制造和适用、语言的产生和意识的形成是产生文化最初的、最根本的标志。

二、文化的概念

"文化"一词在我们日常生活中经常使用到，如"文化生活"、"文化活动"、"文化人"、"有文化"等。"文化"的科学概念不同于日常生活中人们谈论到的"文化"。什么是文化？历来人们对文化的概念没有统一的认识，众说纷纭、仁者见仁、智者见智。文化是与我们的生活思想联系最为密切的一个概念，是我们接触最多的一个概念，是一个古老而永远年轻的话题。我们时时刻刻生活在文化中，在创造文化，感受文化。对于文化的认识和理解是我们每个人都必须思考和回答的问题，文化自觉是人类长期追求的境界。下面就给大家介绍几种关于文化的、比较具有代表性的观点。

（一）"大文化"概念

从词源来看，文化一词含有人类劳动、加工、改造并且与自然相区别并驾驭自然的意思。这个词汇来源于拉丁文cultura，本意是指耕种、加工、照料和栽培。在古典拉丁语中，通常在农业生产、耕作、栽培及劳作所获的意义上使用这一词汇，后来被逐渐引申出培养、教育、训练和发展的意思。

在中国古代，"文化"一词，原与"武功"相对应，有文治教化之意。《易·贲卦·象传》说："文明以止，人文也……观乎天文，以察时变；观乎人文，以化成天下。"《周易正义》中解释道："观乎人文以化成天下者，言圣人观察人文，则诗书礼乐之谓，当法此教而化成天下也。"这已有从观念形态谈文化的含义，强调文化对人类认识、改造世界和进行道德教化所起的重要作用。

英国杰出的人类学家爱德华·伯内特·泰勒总结前人的研究成果，在其所著《原始文化》中对文化所作的经典性界定，"文化或文明，就其最广泛的民族科学家的意义来讲，是一个复合的整体，其中包括知识、信仰、艺术、道德、法律、风俗以及人作为社会成员而获得的任何其他的能力和习惯"。这句话的意思是说只要是经过人类改造制作的，满足了人类的需要，或者是寄托了人类的情感、打上人的烙印的一切人化的自然物就是属于文化的范畴。也就是说，文化与人、与人类在自然中的生存和改造活动有着密切的关系。我们讲的"大文化"的概念，从本质上来讲就是人的智慧和实践创造能力在改造客观世界过程中的对象化，简单地来讲，文化的本质就是"人化"。

这样来理解"大文化"的概念是合理的。因为按照文化的起源来讲，文化的产生离不开人，离不开人类社会，更离不开人的社会实践，特别是生产的实践活动。因此，我们给文化下定义的时候，应该联系人、联系人类社会、联系人类的生产实践去理解文化。

把这样一个词汇翻译成"文化"是很准确的。从词源上看，文化是人类的创造物，它是人的生存状态，是人的生存环境，包括社会规范制度、礼乐制度等。人类生活的任何一方面都必然会受到文化的影响并且会随着文化的变化而变化。这也就是说，人类造就了文化，文化也就决定了人类的存在，决定了人的思维方式以及行为生活方式。因此，"大文化"的概念也就可以简化为"一个民族的生活方式的总和"，或者说是"自然的人化"。

（二）符号学文化概念

美国人类学家克利福德·格尔茨认为，文化就是"一些由人自己编织的意义之网"，"是从历史上留下的存在符号中的意义模式，是以符号形式表达的前后相袭的概念系统，借此人们交流、保存和发展对生命的知识和态度"。按照格尔茨的说法，"象征符号"是意义和概念的载体，是一种经验抽象，是思想、态度、判断、渴望和信仰的具体体现。

符号学文化概念一般把文化限定在精神领域，强调文化的符号和公共性，它的核心就是符号系统所表达的，能够为社会群体共享的概念和意义。在这个意义上说，文化是社会性的精神生活，而不是纯个人的精神活动。社会性的精神生活是交往的产物，人们在交往中满足精神需要，必须通过特殊的中介才能实现，这个特殊中介就是广义的"符号"。符号是群体共有的观念和意义的载体，但也可以被个人赋予某些独特的含义。文化只指涉及符号系统中为群体所接受的共同的观念、思想、情感、态度、意志、判断、理想和信仰等内容，不包括个人附加在符号中的独特内容。然而，当个人附加在符号中的新内容或个人创造的新符号被群体所接受时，它们就被纳入文化之中并成为其一部分了。这正是文化可以跨越历史长河持续积累、发展并不断获得新生的活力所在。

（三）功能性的文化概念

英国人类学家马林诺夫斯基提出了功能性的文化定义，他认为文化是人类生活的手段、工具，生活是文化的主题。他在《文化论》中指出，文化是包括一套工具和一套风俗，人体的或者心灵的习惯，它们都是直接的或者间接的来满足人类的需要。一切文化要素，如果我们的看法是对的，一定都是在活动着的发生作用，而且是有效的。文化要素的动态性质指示了人类学的重要工作就是研究文化的功能。功能性的文化概念强调文化作为一种工具、手段，应该说有一定的合理性，但是它过分重视文化作为手段、工具的功能性作用，必然会导致文化精神意义的丧失。

（四）与政治、经济相对的文化概念

这里所说的文化主要是指与政治、经济相对的文化概念，与"大文化"不相同，"大文化"包括人类社会全部物质现象和精神现象且与自然相对，而我们所说的文化概念只限于精神现象的领域。而且它把政治经济或者文化都看成是人类社会生活的一个重要组成部分。文化不仅仅是对政治、经济的反映，而且会推动政治、经济的快速发展。

文化主要指的是人们的精神生活，也就是满足人们精神需要的一种方式。一般来说，政治、经济和文化作为人类社会生活中的三个重要组成部分都具有满足人类需要的特性和功能。但是具体来讲，就它们满足什么样的需要，这三者之间还是有区别的。因为经济针对的是以个人为单位的物质利益，政治针对的是以组织或集团为单位的物质利益，而文化针对的则是人的精神需要。

人的精神需要是多方面的，如求真的需要、求美的需要、求善的需要等。文化就是人们为了满足这些精神需要而进行的活动及其结果。对于人而言，不存在脱离物质需要的精神需要也不存在脱离精神需要的物质需要。只有纯粹物质需要的存在是"物"，只有纯粹精神需要的存在就是"神"。

人的物质实践活动在任何时候都包含着精神追求，推动这一实践活动在任何时候都渗透着精神作用。社会生活本来是一个整体，不能强行区分所谓的物质生活和精神生活，人们的需要也是一个整体，不能够把物质需要和精神需要绝对割裂开来。在这里严格的区分只能是在思维当中进行，现实的区分总是相对的。因此，政治、经济和文化的区分不是绝对的彼此分离。

第二节　文化的功能

　　文化不是自发产生的，而是在人们的社会生活实践中产生的，在满足社会和个人多种多样的需要中自觉产生的。因此文化的产生，就对社会和个人起着各种各样的作用，发挥着多种多样的功能。随着实践的不断发展，它的功能和作用也是不断发展的，而且种类越来越复杂。我们这里讲的文化的功能主要有以下几种：

一、教化培育功能

　　文化是人们在社会实践中创造出来的，是人生活环境中的重要组成部分。这种文化环境对人产生深远的影响，并且能够塑造人，对人起着教化、培育的功能和作用。人一生下来就处在一定的社会环境之中，每个人都要受自身所处的社会环境的影响，社会环境不同创造出的人也会有所不同。人的成长、发展和变化更要受到一定的社会文化环境的熏陶，比如说人在学校受到学校文化的影响，在社会上就会受到社会文化的影响等。一个人处在什么样的环境中就要受到什么环境的影响，这种影响过程就是一个教化、培育的过程。

文化的这种教化、培育功能的实现，有的表现是自觉明显的，但是更多情况下是在自发的、隐蔽的和潜移默化的情况下发生的。文化教化、培育的作用既有积极的一方面，又有消极的一面。先进的文化可以推动社会经济的发展和社会的进步，对人起着积极的教化、培育功能；相反，落后的文化则不利于社会经济的发展，给人以消极影响，对人起着消极的教化作用。

二、凝聚的功能

与文化的教育、培育功能紧密相连的是文化的凝聚功能。文化的凝聚功能是指一个社会群体的人们在相同的文化环境中通过文化的教化、培育，在同样的价值观念、社会习俗和生活方式下聚集起来，形成一种强烈的向心力。一个国家、一个民族、一个单位、一个社区的文化对其内部都有一种或大或小的向心力、凝聚力，其优秀文化会将其内部成员凝聚到一起，团结协作，形成坚不可摧的力量。以儒家为代表的中国传统文化就起着巨大的凝聚人心的作用，使中华民族具有了很强的向心力和凝聚力。党的指导思想马列主义、毛泽东思想、邓小平理论、"三个代表"重要思想和科学发展观的凝聚国人人心的作用，也是一个不争的事实。无论是在汶川地震中，还是在雅安地震中，中华民族在党的领导下万众一心，众志成城，一次次地战胜了困难。

三、调节、控制功能

文化的调节控制功能是指文化对人与人之间的关系，对人与社会之间的关系起着协调、稳定的作用。同一切事物一样，社会是一个矛盾的统一体，在这个统一体中存在着人与人之间的矛盾关系，人与社会之间的矛盾关系。是否正确处理社会内部的矛盾关系，对社会的发展有着极其重要的意义。那么如何才能正确处理社会内部的矛盾关系，其中应该重视文化特别是社会中占主导地位的文化调节、控制功能。特别是有共同信奉的价值观念，有共同支配人们相互关系行为的道德规范，有普遍强制遵守的法律制度，能够使人们遵守一定的规则来生活，在文化的规范和强制下纠正越轨的思想和行为，缓和或者从根本上解决社会矛盾，从而使社会关系得到调节，社会冲突能够得到控制，使社会在不同程度上得到协调发展。

在原始社会，没有剥削压迫，没有阶级对立，也没有国家和法律。那个时候，人们不需要采用国家作为强制手段来维持社会秩序，主要依靠道德观念、内心信念来调节人与人之间的关系，并且控制人们的社会生活，保证社会生活的正常进行。在阶级社会中，除了用传统的价值观念、道德观念，特别是统治阶级的价值观念、道德观念从舆论上来调节控制人们的社会生活之外，更主要的还是依靠国家和法律，采用武装和暴力的强制手段调节控制人们的社会生活。在我国社会主义条件下，阶级矛盾不是主要矛盾，人与人之间的关系不是对抗性的矛盾，是根本利益一致上的矛盾关系。因此，我们更应该发挥思想道德的作用，来调节人们之间的社会关系，促进社会主义现代化建设正常运行。

四、创新功能

与文化的教化培育功能紧密相连的还有文化的创新功能。文化的创新功能是指通过文化的教化培育改变人们的思维方式、思想观念和知识水平。随着文化特别是精神文化的发展，改变着精神文化的环境，对人起着新的教化作用，促进人们精神观念的改变。对于个人而言，可以借助于文化的熏陶和自觉地学习，从精神上带来新的塑造。对于整个群体的精神生活、意识形态、思维方式、价值观念等观念都会产生一些影响使之发生一些变化。

第二章 马克思主义的文化观

第一节 马克思主义文化观的产生

一、马克思主义文化观产生的历史背景

卡尔·马克思，人类历史上最伟大的革命家、科学家，全世界无产阶级和被剥削被压迫群众的伟大导师，科学社会主义的奠基人。

马克思1818年5月5日出生于普鲁士莱茵省特利尔城一个犹太籍律师家庭。1835年—1841年，先后在波恩大学和柏林大学学习法律。1837年，开始钻研黑格尔哲学，并加入青年黑格尔派的"博士俱乐部"。1841年大学毕业获哲学博士学位。1842年10月至1843年3月，任《莱茵报》主编。1843年6月，和燕妮结婚。同年秋，迁居巴黎，同卢格合办《德法年鉴》杂志。这

时发表的一些文章表明他已成为唯物主义者和共产主义者。

马克思对历史唯物主义和剩余价值学说的两大发现，使社会主义从空想变成科学。1847年，马克思同恩格斯一起受邀参加正义者同盟，并将其改组为共产主义者同盟。同年出席共产主义者同盟第二次代表大会，受大会委托，同恩格斯一同起草了同盟纲领，这就是科学共产主义的文献《共产党宣言》。《共产党宣言》的发表，标志着马克思主义的诞生。

1848年法国二月革命爆发后，受同盟中央委托，马克思在巴黎筹建新的中央委员会，并当选为同盟主席。同年4月，回德国参加革命。1848年欧洲革命期间，他在科伦创办《新莱茵报》。革命失败后，流亡英国伦敦。19世纪五六十年代，在极端困难的条件下，完成了马克思主义经济理论体系，1867年发表《资本论》第一卷；第二卷、第三卷由恩格斯于1885年、1894年整理出版。1864年9月国际工人协会即第一国际成立后，马克思被选为总委员会委员，兼任德国通讯书记。他为第一国际起草了成立宣言、临时章程和历届代表大会的重要文件，是第一国际的实际领袖和灵魂。

1871年巴黎公社革命期间，马克思受第一国际总委员会委托，写了《法兰西内战》，系统地总结了公社革命的经验教训，发展了无产阶级革命和无产阶级专政的理论。晚年即使受到各种疾病的折磨，他仍致力于帮助各国社会主义政党的成长和人事理论研究。1883年3月14日，马克思病逝于英国伦敦。

恩格斯在评价马克思的伟大功绩时指出："马克思发现了人类历史的发展规律"，"还发现了现代资本主义生产方式和它所产生的资产阶级社会的特殊的运动规律"。"马克思首先是一个革命家。以某种方式参加推翻资本主义社会及其所建立的国家制度的事业，他才第一次意识到本身地位和要求，意识到本身解放条件的现代无产阶级的解放事业——这实际上就是他毕生的使命。"

马克思主义的文化观是马克思主义唯物史观的重要组成部分，马克思曾经说过："一切划时代体系的真正内容都是由于产生这些体系的那个时期的需要而形成的。所有这些体系都是以本国过去的整个发展为基础的，是以阶级关系的历史形式及其政治的、道德的、哲学的以及其他的后果为基础的。"马克思主义文化的产生是顺应历史发展的需要产生的，同时，它的产生和发展也需要一定的政治经济条件。首先是资本主义的迅速发展。

从17世纪40年代到19世纪上半叶，英法等西欧国家相继爆发了资产阶级革命，推翻了封建专制制度，建立了资本主义制度，使资本主义得到了迅速发展，工业革命首先在英国开始爆发并且促进生产力的极大发展。资本主义经济的快速发展促进了科技革命的进步与革命，而科技革命又推动了生产力的进步，这也会导致文化的大繁荣以及文化哲学的发展。当时的社会变化迅速，社会关系的复杂化等一些问题都集中表现出来，成为马克思在当时历史时期必须考虑的重要领域，作为马克思主义理论体系的重要组成部分的马克思主义文化理论逐渐孕育发展和成熟起来：资本主义经济发展与社会变革使得马克思主义文化理论的产生成为可能。

资本主义社会的发展促成了无产阶级和资产阶段的产生和对立，阶级矛盾日益严重以致不可调和，社会制度的变革一方面在很大程度上促进了生产力的发展，使得社会的物质财富成倍地增长，积累了大量的资本，极大地改变了社会的面貌和人们的生活方式，工业革命的爆发促进了效率的极大提高，人类文明进入一个全新的工业时代；但另一方面，资本主义生产资料私有制和社会化大生产之间的矛盾是资本主义的生产无法调和的矛盾。从1825年起，连续爆发的三次大规模的经济危机，表明资本主义的生产关系开始由促进生产力的发展转向阻碍生产力的发展。

如果说1825年是欧洲经济的转折点，那么，1831年就是欧洲政治的转折点。从这一年起，连续爆发的三次大规模工人运动（1831年至1834年法国里昂纺织工人起义，1836年至1848年英国工人的宪章运动，1844年6月德国西里西亚纺织工人起义）表明无产阶级和资产阶级的矛盾已经上升为社会主要矛盾，无产阶级作为一支独立的政治力量登上了历史舞台。

资本主义该向何处发展，工人运动该向何处发展，原有的理论不能回答这些重大的时代课题。封建阶级的复古主张开历史的倒车，空想社会主义的方案又不切实际，资产阶级、小资产阶级的改良主义理论也纷纷破产。时代的剧变呼唤人类思想的革命性变革，工人运动的发展需要科学理论的武装。马克思运用辩证唯物主义和历史唯物主义哲学并且运用政治经济学的方法，深入分析资本主义的运行机制，揭示了无产阶级的历史使命，形成了科学的社会主义理论。

二、马克思主义文化观的内涵

所谓"观"就是对事物的看法和态度。文化观就是人们对文化的看法、观点和态度，是人们的世界观在文化问题上的一种反映。也就是如何看，怎么看，坚持什么，反对什么的问题。人们在改造自然和社会的过程中，会自觉不自觉地形成自己对文化的看法。不同的人会有不同的文化观，不同的社会集团也会有不同的文化观。比如在评价不同的文化现象的时候，有的人完全以自己的标准来评判自己所处的文化，有的人则认为不能用一种文化作为标准去衡量另一种文化。之所以会出现这种情况就在于人们有着不同的文化观。文化观表现为对各种文化现象的认识、理解、对待上的根本态度和基本观点。

马克思主义文化观是运用马克思主义辩证唯物主义和历史唯物主义的立场、观点、方法来认识和对待文化现象。它是后来的马克思主义文化者对文化的起源、本质、功能、地位、一般发展规律、具体内容的认识和阐述以及文化建设思想的总和，是马克思主义世界观在文化问题上的反映，是马克思主义思想和理论的重要组成部分。

马克思主义文化观是一个不断发展的历史过程。马克思、恩格斯创立的辩证唯物主义和历史唯物主义是马克思主义文化观的理论基础。列宁和斯大林关于苏维埃文化建设的科学论述和见解，为社会主义国家的文化建设提出了比较系统的理论，是对马克思、恩格斯关于文化方面的理论继承和发展。

在中国，马克思主义文化观通过与中国革命和建设实践相结合，得到了进一步的丰富和发展。毛泽东同志总结中国革命的实践经验，提出了文化和文化建设理论。邓小平同志针对改革开放以来在文化领域出现的新情况，提出了有中国特色的马克思主义文化观。党的十六大提出中国共产党要始终代表中国先进文化的前进方向。十六届六中全会提出的建设和谐文化，十七大提出推进社会主义文化的大发展大繁荣，十八大提出了扎实推进社会主义文化强国建设。这些都是对马克思主义文化观的完善与重大发展。

马克思主义文化观包含着丰富的内容，它是马克思主义产生以来所有马克思主义实践中关于文化思想的综合。

三、马克思主义文化观的基本内容

（一）对文化的本质特性的认识

文化是人类特有的生活现实，是与自然相对的范畴，是人类本质活动的对象化，是人与动物本质区别的标志，体现着人的超越性和创造性。马克思关于人的实践本性的论述，十分深刻地阐释了这一点。

马克思认为，人与动物的本质区别，就在于人是自由自觉的类存在物。"一个种的全部特性、种的类特性就在于生命活动的性质，而人的类特性恰恰就是自由自觉的活动。"从这一点出发，马克思深刻地解释了人与动物的本质区别。他在《1844年经济学哲学手稿》中曾提出人的活动的双重尺度的著名观点。也就是说，动物只能按照它所属的那个"物种的尺度"来满足自己的需要，而人却能按照"任何一个种的尺度"来满足自己的需要。

"通过实践创造对象世界，即改造无机世界，证明了人是有意识的类存在物，也就是这样一种存在物，它把类看作自己的本质，或者说把自身看作类存在物。诚然，动物也生产，它也为自己营造巢穴或住所，如蜜蜂、海狸、蚂蚁等。但是动物只生产它自己养活它的幼崽所直接需要的东西；动物的生产是片面的，而人的生产是全面的；动物只是在直接的肉体支配下生产，而人甚至不受肉体需要的支配也进行生产，并且只有不受这种需要的支配时才进行真正的生产；动物只在生产自身，而人在生产整个自然界；动物的产品直接同它的肉体相联系，而人则在自由地对待自己的产品；动物只是按照它所属的那个种的尺度和需要来建造，而人却懂得按照任何一个种的尺度来进行生产，并且懂得怎样处处把内在的尺度运用到对象上去。

因此，人也按照美的规律来建造。"

总之，文化是人实践的产物，是人与动物本质区别的标志。它总是体现人的属性，和人联系在一起。因此，从与人的关系看，它的本质主要体现了四点：

首先，它是以实现人的存在价值为目的的活动。文化的存在和变化则是人创造的，文化作为人的活动，不仅创造出人的社会，而且调节人与自然的关系。其次，它体现人的超越性和创造性。代表着人区别于动物和其他自然存在物的根本特征。再次，它是人化自然与人的生活世界。人化自然是经过人的劳动的改造，通过劳动而生成，作为劳动的结果而存在的自然。最后，它是人的理想和人的现实的统一。因为文化，人的活动成为人的存在价值的活动。追求人的存在价值，也就是哲学意义上的理想。

因此，文化本身就具有理想性。但是，文化不是人的抽象精神的活动，而是人的现实的历史。它要求人实践地对待和解决人与自然、人与人、人与社会之间的矛盾，通过解决这些矛盾来实现人的存在价值。

（二）文化的构成

文化由哪些要素构成？各要素之间的关系如何？它们的

结构是如何划分的？英国民族学家、人类学家马林诺夫斯基在《文化论》一书中，根据文化的功能，将文化分为四个方面：物质设备、精神文化、语言、社会组织。美国社会学家W·F·奥格本在《社会变迁》一书中，从文化功能和文化起源相结合的角度，把文化分为物质文化和非物质文化，然后将非物质文化分为宗教、艺术一类的精神文化和规范人类行为的制度、习惯一类的调适文化。马克思主义谈到的主要是物质文化、精神文化、制度文化三个领域和层面。

首先，物质文化是前提和基础，物质文化是指人类所创造的物质财富及其创造方式，是可感知的、具有物质实体的文化事物。它主要包括直接满足人的基本生存需要的那些文化产品，其基本功能是维持个体生命的再生产和社会的再生产。比如说衣、食、住、行，都包含着文化，长袍马褂与泳装，中山装与西服，哥特式建筑与圆明园，这些都是物质文化。物质文化领域典型地体现了"人化自然"的特征。它包括所有用于满足人的各种生理和生存需要的或者经过加工的自然物品和人造物品；还包括用来生产这些物品的生产工具和生产手段。可以这样讲，物质文化是人类文化的所有物化形式。

对于任何一个社会来讲，物质文化都起着十分重要的基础性作用，也可以说是处于主体地位。从人类文化大厦的外形来看，它代表着人类文化本身，全面直接地反映和体现出了人类文化的成就。从外形看，物质文化是可以看见，可以听见并且可以摸得到的，还可以为人所使用的。但这些外在的物质文化都包含且凝聚着人类精神文化、制度文化。

在一定意义上讲，不管是古代的物质文化产品还是现代的物质文化产品，都是物质文化、制度文化和精神文化的统一。不仅如此，物质文化的创造还是人类其他文化创造的基础，物质文化决定着人们的精神文化、制度文化的创造，并且制度文化、精神文化的目标又要指向物质文化，通过物质文化表现和确证，通过物质文化并同物质文化一起满足人类的需要。因此，庞大的物质文化也是人类社会生活的基础，成为人类文化发展的首要目标，成为人类社会实践的首要目标。

这样来讲，物质文化建设在整个社会发展中具有举足轻重的地位。对人类发展来说，物质文化的核心是技术文化，因为人类物质的产生是通过生产来实现的，而人类的生产又是以在长期的社会实践中积累起来的生产经验和生产技术为前提的。

长久以来，人类一直面临着能源、原料、粮食、环境等一系列的问题，迫使人类转变发展方式，寻求可持续发展的方式。人们一直在努力寻求可替代性的、新型的能源来延续自己的生存发展，尤其在现代社会，发展高科技已成为当务之急。

人们所说的高科技，是指建立在一系列自然科学和工程技术的重大突破性成果基础上的特定新技术群，它能够形成产业规模，带来巨大的经济效益，把科技的尖端性和经济的高效性结合在一起，把科学技术知识的精神性和经济的高效性很好地结合在一起。现在的高科技主要包括核燃料加工、信息化学品制造、航空航天制造、公共软件服务等。

其次，精神文化是人类在社会实践和意识活动中长期孕育出来的文化心理以及价值观念、审美情趣、思维方式、伦理道德、文化心理、经验等意识形态的各方面的总和。它起源于人类在满足自己的最基本的生存需要时，超越这些最基本的需要而产生的新需求，这是一种创造性的和自由的需要。因此，在文化的所有层次中，精神文化位于核心地位，它是最高层的，最具有内在性，最能体现文化的超越性和创造性的本质特征，也最能体现人之所以为人所特有和所应有的需要。因为物质需要推动着人们发展出种种本质上属于物的力量形式，精神需要推动着人们发展出种种只属于人的力量形式。可以这样讲，人与动物和其他存在物的最本质区别之一就在于人具有一个精神世界，具有精神文化需要，而动物却没有。正如著名思想家帕斯卡尔所断言的那样，"思想形成人的伟大"，他指出："我很能想象一个人没有手、没有脚、没有头（因为只是经验才教导我们说，头比脚更为必要）。然而，我不能想象人没有思想：那就成了一块顽石或者一头畜牲了。"尽管他的论述有点极端，但他说明了精神文化在文化构成中的重要性，更好地揭示了人与动物的本质差别。

人对精神生活的本能追求以及对意义世界的积极构建，既是人的本质表现，也是人类追求和实现幸福的表现。物质生活的富裕只是人们追求幸福生活的一个方面，人对精神生活的追求和渴望，不但不会随着物质生活的极大富裕而降低，反而更加强烈，而且要求也会不断提高。精神文化的体系非常复杂，它既有系统的、自觉的文化形式，还有不系统、自发的形式，前者我们叫社会意识，后者叫社会心理。

社会意识形态：处在社会意识高级水平的精神文化形态，就是理论意识，它是一种定型的、系统的和自觉的社会意识，主要包括哲学、道德、艺术、宗教、政治法律思想和科学等意识形式。

哲学起着人类灵魂的作用，马克思把哲学概括为时代精神的精华。人们在从事"类"内"类"外的时间活动中，在具体形成"类"内"类"外的相关意识中，统一的思维会产生一些带有总体性的问题。它们涉及的不是社会内部或外部的某一个方面，而是诸多方面的普遍性问题。关于这些普遍性问题的意识观念，虽然离具体的实践比较远，但是它可以作用于具体科学间接地对事物事件发生反映和控制作用。如此形成的科学具有普遍性、间接性特点，这就是哲学。哲学虽然必须依靠具体科学的桥梁作用而不能直接对实践发生作用，但是它可以作为世界观和方法论调节具体的科学思维，去获得正确的具体结论来作用于实践。因此，一个人具有什么样的世界观，就决定了这个人对世界的普遍本质和一般规律的看法，并因此决定这个人对世界有什么样的作为。

道德是调节人们之间以及个人和社会之间关系的行为规范的总和，是依靠社会舆论、人们的信念、习惯、传统教育来起作用的精神力量。社会道德观念普遍存在于人们的心目中，时时刻刻起着调节人们行为的作用，并维持着社会的相对稳定。比如说尊老爱幼这一基本道德也是中华民族的传统美德，当你坐公交车的时候看到老人没有座位，你会自觉地给老人让座位，甚至看到别人不给老人让座你会感到很气愤，这就是因为你的内心已经形成了这种道德。

作为一种精神文化现象，道德产生于特定的社会实践中，是特定的社会生活环境的特殊要求。如果人人都不遵守这些行为规范的话，那就没有人类社会的相互合作和人与人的相互和谐关系，这样的话，就没有人类社会的产生和延续。比如说在人们的平常生活中，如果人人都不讲诚信，那么社会就没法继续发展下去。

随着社会生活环境的不同和发展，道德观念也会不同，这就使得道德观念具有阶级性、社会性、历史性、民族性、职业性等特点，比如说资本主义的道德观念则比较强调个人主义、利己主义，社会主义道德强调集体利益，在不同的行业也有不同的道德，比如有教师职业道德、律师职业道德等。当然，同一个时期的人类，审核不同时期的人类，由于其社会环境具有共同性的一面，这就使得某些道德观念又具有普遍性。道德观念有着维持社会稳定的巨大作用。在社会主义社会，它还决定着社会主义文化的方向，对社会主义的经济、政治、文化的发展都起着很大的作用，社会主义道德所要解决的最根本的问题就是在全民族和全社会形成共同理想和精神支柱。

艺术是文化的重要表现形式之一。它通过塑造具体生动的形象来反映社会生活的意识形式。它靠形象来表现人们对社会生活的理解、情感、愿望和意志，无论是绘画、音乐、舞蹈、戏剧、书法、电影、电视剧、雕塑、建筑，还是评书，它们首先都是由物质材料构成的感性艺术形式，并且直接作用于人们的各种感觉器官。但是艺术的真正目的就是通过艺术形式来表达不同的思想、情感、愿望、价值观念和理想等。艺术家的创作往往是通过艺术品去创造和表现一种意识性境界，并通过这样的艺术境界去和观众进行心灵的沟通，达到满足观众精神需要的目的。艺术的最大魅力在于，它反映了自然美和社会美，并体现了人对自由的追求、对美好与和谐的追求。而人类文化的高度发展又总是以美为发展方向的。

宗教是统治人们的自然力量和社会力量在人的头脑中虚幻的颠倒的反映。宗教本质上是一种"颠倒的世界观"，是由对神灵的信仰和崇拜来支配人们命运的一种意识形式。从产生根源来看，宗教是自然压迫和社会压迫的产物。由于生产力水平极端低下和缺乏科学知识，以及人们对自然现象的无知和恐惧，从而产生了各种形式的宗教观念。阶级压迫给劳动人民带来苦难而人们又不能科学地解释这些社会现象，是宗教产生的另一起源。宗教最初是压迫者对现实苦难的抗议，后来又被统治阶级所利用，成为统治被压迫者的思想工具。

根据党的宗教信仰自由的一贯政策，对青少年信仰宗教问题只能疏导，不宜堵塞；既不能简单粗暴，压制歧视，也不能袖手旁观，听之任之。引导青少年以辩证唯物主义观点全面认识宗教，使他们既能看到宗教在道德教化、道德行为约束方面的作用，承认宗教人生哲学思想中包含着的某些合理的内容。更重要的是，要通过对广大青少年进行马克思主义宗教观和无神论的宣传教育，以及普及有关自然现象、人类进化、生老病死、吉祥祸福等科学知识，使他们了解自然、社会生活和人生奥秘，消除宗教的神秘感，更理性地认识宗教。

政治思想是关于政治制度、政治生活、国家、阶级或社会集团及相互关系问题的观点、理论的总和；而法律思想则是关于法的关系、规范和设施的理论观点的总和。它们都是社会经济基础最直接、最集中的表现。在阶级社会里，由于不同阶级之间的根本利益发生冲突，不同阶级之间的政治法律思想也是相互冲突的。

科学意识的作用是非常独特的，科学是关于自然事物的性质及其规律的知识体系，它所处理的是人与自然的矛盾，是"类"外的实践形式；与此同时，科学也是一种观察和思考问题的方式与态度，在精神文化方面发挥着极大的作用，对"类"内时间也起着调节的作用。科学能为人类的精神文化不断提供新知识和新观点，为人类的精神文化提供科学的思维方式，又能推动技术文化的发展与前进。从科学的思维方式看，主要有理论思维、求异思维、多维思维、系统思维和创造思维等。

社会心理：社会心理的内容主要包括以下几个方面，一是朴素的社会信念，它是最基本的社会心理现象。它属于知识观念的范畴，又不纯属于知识，其中还掺杂着人们的愿望和情感等。二是流行的社会价值信念，人们组成社会就需要相互协作的活动，而这又要求产生统一的价值观念，它激励着人们去形成大体一致的追求和从事大体一致的活动。三是社会情趣，它是人们对某一对象共同依恋的心态，是社会情感和社会兴趣的统称。四是成见，它是人们在长期的社会实践中形成的对某一事物比较稳定的态度和看法。

精神文化的核心是民族精神，民族精神是反映在长期的历史进程和积淀中所形成的民族意识、民族文化、民族风俗、民族习惯、民族性格、民族宗教、民族信仰、民族价值观念和价值追求等共同特质，民族精神是一个民族在历史长期发展当中，所孕育而成的精神样态。它是种族、血统、生活习俗、历史文化、哲学思想等所熏陶、融汇而成的文化慧命，也可说是一个民族的内在心态和存养。民族精神表现在一个民族的节操、气度、风范和日常行谊上。尤其表现在一个民族处于逆境中，所呈现出的镇定自若、奋发有为、自强不息、不屈不挠的志节和心情上。

民族精神表现在一个民族的气度、风范、节操和日常行为上。尤其表现在一个民族处于逆境中，所表现出来的艰苦拼搏、奋发向上、自强不息、不屈不挠的品质。民族精神也是一个民族的生命魂，是一个民族的独特人格的彰显，是一个民族的慧根。同一民族之间，必须有其相同的文化意识、生活习俗、道德规范、忧患心态和哲学思想；否则不同民族之间就会产生分歧。

因此，民族精神乃是一个民族的命脉所系，是民族同心、同德的关键，更是民族延续发展的重要枢纽。在当代中国，爱国主义、集体主义和社会主义精神是中华民族精神的集中体现，是中华民族的宝贵精神财富。培育和弘扬民族精神，使人民群众始终保持奋发有为、昂扬向上的精神状态，是社会主义文化建设的一个重要任务，对于实现中华民族的伟大复兴，具有特殊的重要意义。

最后，制度文化是中介和手段，制度文化是人类在社会实践中创造的以制度为存在形式的文化形态，一般包括体制、组织、管理等方面的制度。如社会的经济制度、政治制度、卫生保健制度、教育制度、婚姻家庭制度、环境保护制度等等，这些都体现着丰富的文化内容。人类早期以血缘关系为基础的家庭和氏族制度，农耕文明时期以宗法关系为基础的封建制度，现代工业文明以社会契约和法制为基础的社会组织制度分别体现在了不同的学院文化、自然主义文化和理性主义文化。

制度文化同具有明显外在性的物质文化相比，它在整个文化界中是深一层级的文化，它主要满足于人们更深层级的需求，也就是由于人们交往的需求而产生的合理的处理人与人之间、个人和群体之间关系的需求。制度文化的建立和完善直接关系到人与人之间的交往关系和相应的各种生产关系的完善，能够极大地促进物质文化的发展。

马克思认为，动物的活动就是自然本身的活动，动物之间的关系属于自然的、本能的关系或者说动物没有"关系"。人和动物不相同，人的活动是超越自然的活动，人与人的关系是人为的关系，人是真正有关系的存在。马克思是从交往入手来阐述人的制度化、组织化的文化。

马克思、恩格斯在《德意志意识形态》中，表述了生产与交往的相互作用关系，生活资料的生产是"第一个历史活动"，生活资料的物质生产是人同动物开始区别开来的标志，这种生产又是同交往不可分离的。"这种生产第一次是随着人口的增长而开始的。而生产本身又是以个人之间的交往为前提的，这种交往的形式又是由生产决定的。"人正是在物质生活资料和生产资料的生产中，以及在人自身的生产中，结成了人与人之间的交往关系和相应的各种生产关系。

制度在管理社会和规范社会成员行为方面发挥了很大作用。制度意味着集中大多数人的意志、代表大多数人的利益而形成的一种规则。这种规则保护着大多数人的利益不受侵犯，维持着社会秩序正常运行。无论是约定俗成的还是自觉契约，制度对个人的依赖比较少，它总是以全体社会成员对其认知的程度和接受的程度为基础的，或者说以全体社会成员的集体智慧和道德修养为基础的，因而要比"人治"更加科学和稳定。

民主既是制度文化的基础，又是制度文化的内在精神所在。作为主体的结合体，社会尊重每一个社会成员，它的一切工作重心是以人为本。以人为本，不是以某一个或者某些人为本，而是以社会的所有成员为根本，这是民主精神的实质所在，也符合人民群众是创造人类历史的真正动力这一马克思主义最基本的原理。当代中国正是运用马克思主义的这一基本原理，并且同中国的实践相结合，提出了具有中国特色的以人为本。以人为本，就是以实现人的全面发展为目标，从人民群众的根本利益出发谋发展、促发展，不断满足人民群众日益增长的物质文化需要，切实保障人民群众的经济、政治和文化权益，让发展的成果惠及全体人民。

文化是一个有机整体，物质、精神、制度文化是这个有机整体的三个组成部分。其中物质文化是基础，精神文化是动力和保障，制度文化是中介和手段，三者相互作用，相互制约，共同推动着社会的发展。文化发展对生产力的促进作用主要体现在通过物质、科学技术的创新和转化形成新的生产力；通过精神文化中的思想道德建设和科学文化意识建设提高人的素质，为社会的发展提供思想和智力支持；通过对社会制度建构的指导作用，实现社会经济制度和政治制度的优化，从而产生新的生产力。

政治文化是一个社会物质文化和精神文化建设的政治保证和支持。文化是一个民族和国家赖以生存和发展的重要根基，也是区别于其他民族和国家的重要标志。人们在创造文化时，归根结底是在创造自身。任何一种文化创造都是人的一种自我创造。每一个民族和国家都在创造自己的文化，这种文化与历史发展的一定阶段和具体的社会经济形态相联系，渗透于社会生活的各个方面，影响着人们的精神世界和行为方式。

从一定意义上来讲，文化发展水平反映了一个民族和国家的发展程度。文化不仅是综合国力的重要标志，而且是综合国力的重要组成部分，是经济发展和社会进步的强大精神动力。在当代，经济的发展，社会的进步，综合国力的增强，都有赖于文化发展水平及其影响力。文化在人类社会发展中的作用正日益突出。

四、列宁的文化观

马克思、恩格斯经常使用"文化"概念，但是由于时代的制约，他们没有对社会主义文化建设作具体研究，这一重任落到了列宁的肩上。十月革命后，列宁清楚地认识到，文化建设对于落后的社会主义国家政权稳定的重要性，列宁对落后的俄国社会主义道路的探索，不仅包括经济政治建设，而且还包括文化建设，他在这方面所进行的探索对于以后的社会主义文化建设具有重要的借鉴意义。

第一，阐述了落后的俄国建设社会主义文化的特殊规律，为其他落后的社会主义国家进行社会主义文化建设的实践提供了借鉴意义。列宁指出，俄国利用第一次世界大战的有利时机增强了工农力量，抓住机遇进行社会主义革命，并不违背人类社会发展的一般规律，而是人类社会发展的一般规律在特殊历史条件下的必然表现。

列宁认为，按照人类社会发展的一般规律，社会主义应该在资本主义高度发展的基础上建立起来，因而社会主义首先在那些比较发达的资本主义国家取得胜利，但是，这种规律在经济比较落后的社会主义国家表现出了特殊性。不能绝对地认为俄国经济落后还不能实现社会主义的水平，更不应该进行社会主义的革命。

正是由于俄国处于特殊的国际环境之中，加上俄国国内的矛盾也具有特殊性，因此俄国的政治革命要比文化革命进行得早，然后在这个条件下，用一种与资本主义不同的方式来获得高度的物质文化水平，从而为落后的社会主义超越别的国家奠定必要的物质和文化基础。在无产阶级政权的基础上，与资本主义不同的方式，来创造社会主义所必须的物质文化条件。

这就是列宁阐明的比较落后的俄国建设社会主义文化的特殊规律，也是列宁为比较落后的国家发展社会主义和社会主义文化所指出的道路。

第二，阐述了文化建设对社会主义的重要性。十月革命之后，特别是卫国战争胜利之后，随着苏维埃政权的巩固，列宁认为除了经济建设之外，文化建设也是社会主义建设的重要内容。俄国居民文化水平的现实也对文化建设提出了迫切要求，列宁在《日记摘录》中比较了1897年和1920年俄国居民识字的状况，认为当时的文化状况，就是和沙皇时代相比，进步也太慢。列宁认为，不大力发展文化建设，要想把俄国建设成为一个完全的社会主义国家并实现向共产主义过渡是不可能的，他认为共产主义社会不会在一个文盲的国家里建成。

第三，阐述了社会主义文化建设基本途径是批判继承人类文化遗产。历史的连续性决定了文化的连续性，批判地继承人类文化就成了人类文化发展的规律之一。任何时代的文化，都包含着前任所创造的文化成果，没有文化的批判继承，就没有文化的发展，资本主义文化如此，社会主义文化亦如此。

列宁在建设社会主义文化中认为，社会主义文化建设不能割裂与整个人类文明发展历史的联系而孤立地进行，必须继承人类历史上一切优秀文化成果。"无产阶级文化不是天上掉下来的，也不是那些自命为无产阶级文化专家的人杜撰出来的，如果认为是这样，那完全是胡说。无产阶级文化应当是人类在资本主义社会、地主社会和官僚社会压迫下创造出来的全部知识合乎规律的发展。"

列宁认为，资本主义所创造的先进文化也可以为社会主义所用，"资本主义把文化只给予少数人，而我们必须用这个文化来建设社会主义。我们没有别的材料。我们要立刻用资本主义昨天留下来可供我们今天用的那些材料来建设社会主义。"列宁还指出，必须弄清资产阶级和一切剥削阶级文化中的腐朽没落的东西，对待文化遗产的正确态度是取其精华，去其糟粕，改造创新。列宁认为只有对全人类优秀文化成果进行借鉴吸收，并且不断进行改造，才能建设无产阶级文化。

第四，阐述了社会主义文化的任务和目标，列宁认为无产阶级文化的首要任务是大力发展国民教育，提高全体人民的文化水平，培养共产主义新人。只有大力发展国民教育才能扫除文盲，提高整个民族的科学文化水平，增强人们进行社会主义建设与参与管理的能力，从而造就新一代知识分子和各行各业的专家；只有大力发展国民教育，才能促使人们克服旧制度遗留下来的旧习惯，培养高度的觉悟、严格的纪律和积极向上的精神风貌。所以，他认为应该把教育放在文化建设的首位。

为了使苏俄的教育事业健康发展，列宁对资产阶级教育制度的弊端进行了批判，阐明了社会主义教育事业的特性和目的。

首先，列宁认为教育要服从政治，他认为在各方面的教育工作中都不能抱着教育不问政治的旧观点，不能让教育工作不联系政治。现在，社会主义人民当家做主人，不再是以前的那种只工作，不需要政治参与的状态，人民是国家的主人，需要积极参与到政治中去。只有人民的教育水平提高上去了，才能更好地参与到政治当中去，更好地发挥社会主义的优越性。

其次，列宁认为教育要和劳动相结合，没有年轻一代的教育和生产劳动的结合，未来社会的理想是不能想象的，无论是脱离生产劳动的教育教学还是没有同时进行教育教学的生产劳动，都不能达到现代技术水平和科学知识现状所要求的高度。

最后，列宁指出，社会主义教育的目的是培养建设社会主义的一代新人。社会主义不同于资本主人那种为资本家培养恭顺的奴隶和能干的工人，社会主义培养的是为了能够实现共产主义的社会主义新人。

为了促进苏俄教育的普遍开展，列宁强调不仅要大力发展正规的学校教育，还要注重业余的社会教育的开展。列宁认为只有通过国民识字教育工作，才能使人民群众理解社会主义、懂得政治，才能够参与人民当家做主的社会主义国家的政治生活并成为国家政治治理的主体。他指出国家首要关心的应该是要有读书的人，有更多能读书的人。

列宁认为发展教育就应该要发挥教师作用、提高教师地位。他还主张在教师中选拔积极的优秀分子到领导岗位上去，特别是对那些具有理论知识和丰富实践知识的教师要有计划地吸收他们，要让他们担任地方的工作特别是中央的负责工作，更应该把一些思想积极的有文化修养的教师的教育工作当作自己的支柱，这样就提高了教师在全社会的地位。

第二节　马克思主义文化观的基本特征

一、阶级性

马克思主义认为文化是具有阶级性的。文化不能脱离社会关系而单独存在，它必然地反映和服务于社会的政治和经济，并体现着鲜明的党性、政治性、阶级性。因此，在分析民族文化时，既要看到它全民性的一面，又要注意民族文化具有阶级性的一面。统治阶级会利用文化的这种作用为本阶级的经济和政治利益服务，以巩固阶级的地位和利益，被统治阶级也会利用文化来为争取本阶级的经济政治利益服务，以巩固阶级的地位和利益。同样地，被统治阶级也会利用文化来为争取本阶级的地位和利益而斗争。

正确认识和把握文化的这种作用，对于我们建设社会主义的经济、政治和文化有着重大的实践意义。文化对社会发展既会产生积极的推动作用，也会产生消极的阻碍作用。当文化与社会经济、政治制度相适应的时候，文化可以成为统治阶级、进步阶级用来作为最广泛最有效地动员社会成员和协调社会组织的工具，达到统一意志、凝聚人心、协调行动的目的，从而有效地维护社会稳定和秩序，保证国家机构正常运转，促进社会经济增长，提高人们的思想文化素质，推动社会不断发展和进步。

只有先进的文化才能充分发挥这些积极作用。当文化与社会经济、政治制度不相适应的时候，文化就会成为阻碍社会的经济繁荣、政治进步的力量，对整个社会的发展起负面作用。

例如，落后的文化艺术、宗教文化等往往会阻碍和破坏新生的进步阶级的经济基础、政治制度。此外，当社会快速前进时，旧的文化观念会跟不上时代的发展，并对新生事物和进步力量产生阻碍作用。这些是文化的消极影响，如不加以引导、改造和抵制，最终就会成为腐朽、反动的落后文化。

二、民族性

马克思、恩格斯指出，民族是一个历史范畴，其产生是在"城乡之间的对立，是随着野蛮向文明的过渡、部落制度向国家的过渡、地方局限性向民族的过渡而开始的"。恩格斯在用唯物史观考察了人类学的实证资料之后，在《家庭、私有制和国家的起源》中，提出了氏族—胞族—部落—部落联盟—民族和国家的历史演进序列，把民族的形成与阶级、国家的出现联系在一起。按照马克思历史唯物主义，民族的产生是一个历史的过程，是实践历史性发展的产物。其中，地理环境对民族文化的产生起着重要作用。

也正是由于地理环境，使得同一区域中的人们享有共同的经济生活，马克思认为，不是土壤的绝对肥力而是它的差异性和它的自然产品的多样性，形成社会分工的自然基础，并且通过人所处的自然环境的变化，促使他们自己的需要、能力、劳动资料和劳动方式趋于多样化，不同民族生活在不同的自然环境和历史条件下，所组成的文化虽然在本质上都是对野蛮和愚昧的否定，但是在程度上，侧重面和气质风格上有所区别。这也就形成了文化的民族性质。

文化的民族性就是特定民族在生活实践中形成的与其他民族的差别。植根于物质生产方式及相应物质文明成果基础上的精神文明，如共同的祖先、历史、宗教信仰、社交礼仪、教育传承模式等，反过来塑造了人们共同的文化心理和民族认同。事实上，这是现代政治意义上的民族形成以前的所有氏族、胞族和部落群体内部的原生纽带。这些相对于现代民族文化构成了民族的特色传统文化。

西方文化人类学家通过对古代人类社会考察的结果证实了马克思的这一论述，就拿文化进化论来说，它认为每种民族文化都会打上地理区域的烙印，形成具有地方色彩的文化特质。更有西方学者从民族生成的客观自然因素出发，认为形成一个文化的特质的决定性因素是地缘位置和自然环境。讨论文明，就是讨论土地、空间及气候、地貌、动物、植物种类，以及自然方面或者其他方面的优势。讨论文明也就是讨论人类如何利用这些基本条件：农业、畜牧、食物、房屋、衣着、交通、工业等。

有人认为民族性是指"某一个民族独具的个性特点，是民族的文化心理结构、民族心理素质和它的生产生活方式、行为习俗模式的有机结合，是它区别于别的民族的重要标志"。民族性是一个民族存在的根本属性，是通过该民族的生产生活方式及思维方式等体现出来的个体特殊性，是本民族成员所共有的共通性和本质，体现了文化的特殊性、个别性和多样性。

正如斯大林所说的那样，每一个民族不论大小都有它自己本质上的特点，都有只属于该民族而其他民族所没有的特性。按照马克思主义广义的文化看，文化作为一个社群的"社会继承"，不仅包括所有物质的人工制品，如工具、仪器、仪式、艺术品以及再生产的场所等，也包括在此基础上产生的各种精神产品，如思想理论、信仰、审美知觉、价值取向等各种系统，还包括一个民族在特定生活条件下以及世代相传的不断发展的各种活动中所创造的特殊行为，如集团和社会组织等。正如联合国教科文组织国际专家小组报告中所指出的那样，文化是体现出一个社会或一个群体特点的那些精神的、物质的和感情的特征的完整复合体。

文化不仅包括文学艺术，而且包括生产生活方式、价值体系、基本人权、传统信仰等。这些文化的成果和表征随着人类交往的逐步扩大，在与他具有相同生活方式的人们共同体的物质、精神交流中形成相对清晰的、不同民族文化的边界，形成共同的民族意识与认同。

三、历史进步性

文化进步的根源就在于人的有意识、有目的的实践活动。实践活动内在地包含着主体与客体的矛盾运动，实践是主体与客体的统一基础。因此，文化进步的根本动力是由主体与客体的矛盾运动构成的，而它的直接动力在于主体内部的精神运动。在这些矛盾运动中产生了文化的历史。

马克思把人的文化历史划分为三个阶段：

第一阶段是以人的依赖关系为基础的文化生成阶段。在这个阶段，以血缘关系组成的社会共同体，是人存在、活动的前提和基础。在这种状况下的个人，一方面，作为生产劳动的主体被共同再生产出来；另一方面，他被生产成"具有为组成这种共同体所需的相应品质，即狭隘性和自己的生产力的狭隘发展"。

第二阶段是以人对物的依赖性为基础的异化阶段。《共产党宣言》以"阶级斗争的历史"为中心线索论及资产阶级文化及作为其内核的个性问题。它对资产阶级历史曾经起过非常革命的作用，指出其在个性或人格方面有两个方面的表现：第一个就是破坏了封建的、宗法的关系，即以血缘为纽带的封建等级制度，这实质上是使现实个人摆脱人身依附、对封建权势的依附，即摆脱了"人的依赖关系"，现实个人具有独立性，从而促进个性生成。第二个就是改变了封建社会"那种地方的和民族的自给自足和闭关自守状态"，也就是打破了民族和地域的界限开拓了世界市场，使人的生产能力不只是"在狭窄的范围内和孤立的地点上发展"，从实质上来说这是使现实个人摆脱了封建割据的自然经济的束缚，从而"产生出个人关系和个人能力的普遍性和全面性"，使现实个人成为世界历史性的存在，为个性的生成提供必要条件。但每个人的解放程度是与历史完全转变为世界历史的程度成正比的，资本主义远远没有实现每个人的解放，它只是为个性生成提供了一些必要的条件。因此，资本主义只是世界历史性个人生成的起点，它不可避免地带有很大的局限性。

《共产党宣言》着重分析了资产阶级文化及其所体现的个

性的局限性。基于劳动所创造的资本和劳动的分离和对立，使个性受资本支配，成为畸形的资本个性或以物的依赖性为基础的人的独立性。这意味着只有资本才具有独立性和个性，但是人却没有独立性和个性。因为他们只是变成了机器的单纯的附属品，或者只能依附于资本或物的"个性"，实际上是非个性或者说是个性异化，这同现代社会为"世界历史性个人"塑造全面发展个性提供的有利条件形成强烈反差，也只有到共产主义社会这种反差才能得到彻底消除。

第三阶段是人的自由全面发展阶段，即马克思所说的"建立在个人全面发展和他们共同的社会生产能力成为他们的社会财富这一基础上的自由个性，是第三个阶段"。这个阶段，"社会化的人，联合起来的生产者，将合理地调节他们和自然之间的物质变换，把它置于他们的共同控制之下，而不让它作为盲目的力量来统治自己；靠消耗最小的力量，在最无愧于和最适合于他们的人类本性的条件下来进行这种物质变换"。人的自身的个性和能力的自由发展终于成为最终目的。

马克思关于人类发展的三个阶段的论述启示我们，人的历史是人的文化个性和能力发展的历史，人的文化个性和能力的发展以社会生产力和社会交往关系的发展为前提，人的文化个性和能力的发展与人的历史发展一样，是一个不断从贫乏走向丰富、从片面走向全面、从低级走向高级的进步过程。人的文化进步是在人与人、人与自然的对立中，以一定阶段上牺牲部分人的发展、牺牲个人的全面发展为代价实现的，它伴随着异化与复归、否定与肯定的辩证运动。文化的进步，是合规律性和合目的性的统一，既要看它是否适应和推动社会生产力的发展，更要看它是否解放和发展人的个性和能力，实现人的自由。

四、先进性

马克思主义具有先进性的根本原因在于它是科学性和革命性的统一。其科学性首先在于，它把辩证唯物主义和历史唯物主义这一科学世界观作为自己的理论基础。而这一世界观的立足点就是一切从实际出发，实事求是的科学精神。其次，它正确反映了自然、社会和思维发展的一般规律，反映了每一历史阶段政治、经济、文化三者相互作用、相互联系，共同决定社会整体发展的客观事实。历史的实践证明了马克思主义文化观的真理性。第三，它甚至是整个马克思主义都是建立在坚实的具体科学基础之上的，它的产生直接源于欧洲18世纪、19世纪哲学、社会科学和自然科学达到的最高成就，它的发展仍植根于哲学和科学的新进步、新发展之中。

马克思主义文化观又是无产阶级的革命理论。它的革命性就在于，首先，它认为任何现存事物都是一个过程，都有其产生、发展和灭亡的历史，不是永恒的、神圣不可侵犯的；其次，它认为人类认识世界的目的是为了改造世界。因而它公开声明自己的理论是为无产阶级服务的，它要把自己的理论彻底地付诸于无产阶级和人民群众改造世界的革命实践中。

在马克思主义文化观中，科学性和革命性是统一的，这是因为无产阶级的阶级利益同社会历史发展规律是根本一致的。它越是体现无产阶级和人民群众变革现实，创造未来，推动人类社会向前发展的革命性，就越要正确地反映现实事物的本质及其发展规律，就越是具有严格的科学性；同样，只有具备严格的科学性，它才能充当无产阶级和人民群众进行革命实践的理论武器。这就正如列宁指出的："理论对于世界各国的社会主义者之所以具有不可遏止的吸引力，就在于它把严格的、高度的科学性（它是社会科学的最高成就）和革命性结合起来，并且不是偶然地结合起来（即不仅因为学说的创始人本人兼有学者和革命家的品质），而是把两者内在地和不可分割地结合在这个理论本身中。"

五、马克思主义文化的基本原理

（一）文化是上层建筑的统称

马克思认为从狭义的角度来看，文化就是人类思想中上层建筑所涉及的范畴。上层建筑是和经济基础相对立而存在的。经济基础和上层建筑的理论是马克思和恩格斯创立的。1843年马克思在《黑格尔法哲学批判》中，提出不是国家决定市民社会而是市民社会决定国家的命题，这是经济基础和上层建筑理论的萌芽。这里的"市民社会"主要指现实的经济生活。

随着马克思对资本主义社会的研究和对资产阶级古典经济学的分析批判，在1844年马克思和恩格斯合著的《神圣家族》中，市民社会概念被进一步具体化了，已接近于"生产关系"概念。在1845年—1846年马克思和恩格斯共同写作的《德意志意识形态》中，初步形成了经济基础和上层建筑的概念，明确指出：市民社会"始终标志着直接从生产和交往中发展起来的社会组织，这种社会组织在一切时代都构成国家的基础以及任何其他观念的上层建筑的基础"。

在这之后，马克思依据经济基础与上层建筑的理论，分析了1848年资产阶级革命和资本主义社会获得的重大成果，并使这一理论得到了充实和具体化。马克思在1852年《路易·波拿巴的雾月十八日》一书中明确指出："在不同的占有形式上，在社会生存条件下，耸立着由各种不同的、表现独特的情感、幻想、思想方式和人生观构成的整个上层建筑。整个阶级在它的物质条件和相应的社会关系的基础上创造和构成这一切。"

后来，马克思在1859年写的《〈政治经济学批判〉序言》中，对经济基础和上层建筑的理论作了比较精辟的表述："人们在自己生活的社会生产中发生一定的、必然的、不以他们的意志为转移的关系，即同他们的物质生产力的一定发展阶段相适合的生产关系。这些生产关系的总和构成社会的经济结构，即有法律的和政治的上层建筑竖立其上并有一定的社会意识形式与之相适应的现实基础。"在后来的社会生活中他又对经济基础与上层建筑理论作了进一步的丰富和发展。

经济基础是什么呢？它是指由一定发展阶段的生产力所决定的生产关系的总和，主要包括生产资料所有制、生产过程中人与人之间的关系和分配关系三个方面。

那上层建筑又是什么呢？上层建筑是建立在一定经济基础之上的意识形态以及相应的制度、组织和设施。自原始社会解体以来，上层建筑由两部分构成，即观念上层建筑和政治上层建筑，观念上层建筑又称意识形态，包括政治法律思想、道德、艺术、宗教、哲学等思想观点。

政治上层建筑又称政治法律制度及设施和政治组织，包括：国家政治制度、行政制度和立法司法制度；国家政权机构、政党、军队、警察、法庭、监狱等政治组织形态和设施。观念上层建筑和政治上层建筑之间的关系是：首先，政治上层建筑是在一定意识形态指导下建立起来的，是统治阶级意识的体现。其次，政治上层建筑一旦形成，就成为一种现实的力量，影响并制约着人们的思想理论观点。

经济基础和上层建筑是辩证统一的。

经济基础决定上层建筑。经济基础是上层建筑的物质基础，经济基础的性质决定上层建筑的性质，有什么样的经济基础就有什么样的上层建筑。上层建筑是经济基础得以确立和巩固的政治、思想条件。经济基础的发展变化必然会引起上层建筑的发展变化，当某一社会的经济基础发生某些局部变化时，它所决定的上层建筑也要相应地发生局部变化；而当经济基础发生根本变革时，即旧经济基础被新经济基础代替时，旧的上层建筑也必然被新的上层建筑所代替。

上层建筑对经济基础具有反作用。上层建筑对经济基础的反作用，集中表现为它是为经济基础服务的。当一定社会的经济基础是先进的经济基础的时候，这一社会的上层建筑就促进它的形成、巩固和发展，从而变成促进生产力的发展，推动社会发展的进步力量；当这一社会的经济基础变为腐朽落后的经济基础的时候，这一社会的上层建筑就极力维护这种经济基础，这时它就变成阻碍生产力的发展，阻碍社会发展的消极力量。由此可见，上层建筑是起进步作用还是起反动作用，不是由自身决定的，而是由它为之服务的经济基础的性质决定的。

举个例子来进一步解释，政治体制改革是我国上层建筑与经济基础矛盾运动的必然结果。社会主义上层建筑和经济基础之间既相适应又有矛盾。那么，我们就要及时地自觉地调整和改革上层建筑不适应经济基础的某些方面和环节，使经济基础和上层建筑协调地向前发展。我国政治体制改革的实质是社会主义制度的自我完善。我国政治体制改革的目的是要在完善和发展社会主义上层建筑的基础上，充分发挥社会主义制度的巨大优越性，充分调动人民群众的社会主义建设的积极性，巩固和完善社会主义的经济基础，进而促进生产力的发展。因此，政治体制改革的实质是社会主义制度的自我完善。社会主义上层建筑与经济基础矛盾的性质和运动特点决定了这一改革绝不能采取使国家和社会生活发生激烈震荡的阶级斗争方式，而是在坚持社会主义制度的前提下对政治上层建筑中的政治体制进行改革，以使之不断完善。

（二）文化的基本原理——社会存在决定社会意识

马克思认为国家、宗教、道德、法、艺术和科学都是生产所表现出来的特殊方式，它们都要受到生产中普遍规律的支配。马克思指出"所有社会生活、精神生活与政治生活都是被物质生活中的生产方式所制约的，人的意识是由人的社会存在决定的，而不是人的社会存在由人的意识决定。"

社会存在也称社会物质生活条件，指的是社会生活的物质方面，主要是指物质生活资料的生产及生产方式，还包括人口因素和地理环境。人口因素是重要的社会物质生活条件，对社会发展起着制约和影响的作用，地理环境是人类社会生存和发展的永恒必要条件，而且它作为劳动对象也不断进入人们的物质生产领域。但是人口因素和地理环境都不能脱离社会生产发生作用，都不能决定社会的性质，也不能引起社会形态的更替。

生产方式在人们的物质生活条件中起到决定历史发展的作

用。首先，物质生产活动及生产方式是人类赖以生存和发展的基础，是人类其他一切活动的首要前提。其次，物质生产活动及生产方式决定着社会的结构、性质和面貌，制约着人们的经济生活、政治生活和精神生活等全部社会生活。最后，物质生产活动及生产方式的变化发展决定整个社会历史的变化发展，决定社会形态从低级到高级的更替和发展。

社会意识是社会生活的精神方面，是社会存在的反映。社会意识可以从不同角度进行划分，如个人意识和群体意识，社会心理和社会意识形式，以及上层建筑意识形式和非上层建筑意识形式。上层建筑意识形式称为社会意识形式，主要包括政治法律思想、道德、宗教、法律、哲学等。

政治法律思想包括政治思想和法律思想。政治思想是人们关于社会政治关系、政治制度和设施的观点、理论的总和，法律思想是人们关于法的关系、制度和设施的观点、理论的总和。政治法律思想是伴随着阶级和国家的出现而出现的，在意识形态中居于主导地位。

社会存在与社会意识也是辩证统一的。社会存在决定社会意识，有什么样的社会存在就会有什么样的社会意识，社会存在的发展变化决定社会意识的发展变化。社会意识是社会存在的反映，并且对社会存在具有反作用。同时社会意识具有相对独立性，社会意识对社会存在具有能动的反作用，先进的社会意识促进社会存在的发展，落后的社会意识则会阻碍社会存在的发展。

文化是属于社会意识的部分，而社会意识则是由社会存在决定的，是社会存在的反映。比方说中国古代人所讲的"仓廪实而知礼节，衣食足而知荣辱"。人们只有在吃饱之后才会去讲礼节，讲道德。在建设中国特色社会主义的过程中，不仅要加强社会主义物质文明的建设，同时还要加强社会主义精神文明建设，发挥社会主义精神文明的积极作用，推动社会主义物质文明的发展，从而促进社会主义的全面发展。

第三章　五四新文化运动时期的马克思主义文化传播

第一节　五四新文化运动产生的背景及内容

一、五四新文化运动产生的背景

北洋军阀统治前期，爆发了一场崇尚科学、反对封建迷信、猛烈抨击几千年封建旧思想的文化启蒙运动——五四新文化运动。在政治方面，辛亥革命失败后，帝国列强支持袁世凯称帝，进一步加剧对中国的侵略，中国先进知识分子为了能改变这种局面寻找新的出路；在经济方面，一战期间中国民族资本主义得到了一定程度上的发展，资产阶级强烈要求在中国实行民主政治，以使资本主义得到更好的发展；在思想文化方面，随着新式学堂的建立和留学风气日盛，西方启蒙思想进一步传到了中国，而且辛亥革命使民主共和的观念深入人心，袁世凯的"尊孔复古"逆流为民主知识分子所不容，更为重要的是当时的人们对于辛亥革命失败的反思。

先进的知识分子经过辛亥革命认识到，革命失败的根源在于国民没有民主共和意识，因此必须从文化思想上冲击封建思想和封建意识，只有通过普及共和思想来实现真正的共和政体。因此，新文化运动的出现既是当时特定历史时期经济、政治、思想文化诸因素综合作用的产物，也是近代中国经历长期的经济、思想准备基础上的必然结果。

二、五四新文化运动的内容

陈独秀主编的《青年》杂志于1915年9月在上海创刊，提出了高举"民主"和"科学"的两面大旗，提倡民主与科学，反对专制和愚昧、迷信；提倡新道德反对旧道德；提倡新文学，反对旧文学，标志着新文化运动的开始。陈独秀、李大钊、胡适、鲁迅等人从辛亥革命后共和制度立足不稳，复古倒退势力猖狂的教训中敏锐地意识到，要在中国建立一个名副其实的资产阶级共和国，必须开展一场猛烈的反对封建专制主义旧思想、旧道德、旧文化的启蒙运动不可。为此他们提出了

"打倒孔家店"的口号。

李大钊指出，道德是"随着社会的需要，因时因地而有变动。一代圣贤的经训格言，断断不是万世不变的法则"。陈独秀指出，孔子三纲之说所谓忠、孝、节，"皆非推己及人之主人道德，而为以己属人之奴隶道德"。这与西方尊重独立自主之人格是截然不同的。因此"欲建设西洋式之新国家，组织西洋式之新社会"，不能不对孔教"有彻底之觉悟，猛勇之决心，否则不塞不流，不止不行"。

鲁迅在他的第一篇白话文小说《狂人日记》中写道："我翻开历史一查，这历史没有年代，歪歪斜斜的每页上都写着'仁义道德'几个字。我横竖睡不着，仔细看了半夜，才从字缝里看出字来，满本都写着两个字是'吃人'。"反对旧道德，提倡新道德以摧毁"孔家店"，是五四运动、新文化运动时期古今中西之争的主要特征。对于"打倒孔家店"的口号，有人说是"彻底否定孔子"，是"全面反传统"，是"全盘西化"等。我们认为，对此要作历史的分析。当时为彻底批判封建专制制度及其意识形态，击溃复辟逆流，提出"打倒孔家店"的口号是正确的。

在中国社会曲折的现代化进程中，五四新文化运动作为一种思想启蒙运动，不仅具有历史意义，也具有一种持久的文化象征意义。它既是中国社会告别古代走向现代的一个历史标记，也是中国知识分子不断回顾的精神资源和思想动力。

五四新文化运动动摇了封建思想的统治地位，在历史中我们可知，在新文化运动以前，无论是资产阶级维新派还是革命派，在宣传各自的政治观点时，都没有彻底地批判封建思想。经过新文化运动，封建思想遭到前所未有的冲击批判，人们的思想得到空前的解放。中国知识分子在新文化运动中，受到一次西方民主和科学思想的洗礼。这就为新思潮的传播开辟了道路，也推动了中国自然科学事业的发展，为五四运动的爆发做了思想准备。

新文化运动不仅启发了民众的民主主义觉悟，而且对五四爱国运动起了宣传动员作用。后期传播的社会主义思想还启发了中国先进的知识分子，使他们选择和接受了马克思主义，这是新文化运动作为拯救国家、改造社会和推进革命的思想武器最重要的成果，有利于文化的普及和繁荣。新文化运动提倡白话文，能够使语言和文字更紧密地统一起来，为广大民众所接受，从而有利于文化的普及与繁荣。

但是，新文化运动的倡导者虽然要求彻底反对封建主义，而他们所使用的反对封建主义的思想武器，却基本上是西方资产阶级革命时代的民主主义理论，因而既不能彻底批判封建主义的文化思想体系，也不能给中国人民指出一条争取解放的正确道路。早期新文化运动中人们所热烈追求的新思想，实际包括三个部分：自由资本主义时期的资产阶级民主主义；帝国主义时期的资产阶级思潮；社会主义思潮。当时的激进民主主义者还无法分辨什么是真正的新文化，这是历史的局限性。

第二节 五四新文化运动与马克思主义的传播

一、先进知识分子对马克思主义的传播

马克思主义在中国的广泛传播，是在十月革命以后和五四运动时期真正开始的。这一时期，一批先进的知识分子，如李大钊、陈独秀、李达等人开始接受和传播马克思主义，并使马克思主义开始显现出其强大的生命力，并开始出现了一批马克思主义研究的成果。

十月革命爆发后，第一个接受和传播马克思主义的先进分子是李大钊。他在1918年10月发行的《新青年》第5卷第5号

上，发表《庶民的胜利》和《布尔什维主义的胜利》两篇文章，歌颂"1917年的俄国革命，是二十世纪中世界革命的先声"，指出"十月革命"是马克思的功业，并且预言"试看将来的环球必是赤旗的世界"。公开同情和赞扬俄国的"十月革命"，这是李大钊等人思想与信仰转向马克思主义的契机。

李大钊，字守常，河北乐亭人，中国共产党主要创立人之一，中国最早的马克思主义者和共产主义者之一，是中国国民党第一届中央执行委员会委员之一，也是在北伐时期推动颠覆中国政府的重要人物之一，同时为共产国际的成员及其在中国的代理人。1907年夏至1913年夏，在天津北洋法政专门学校学习，1912年间与社会党人陈翼龙交往甚密，曾与江亢虎会见长谈，后加入中国社会党，任天津支部干事。在此期间，李大钊应当已经初步了解了社会主义学说，接触到了马克思主义思想。1913年—1916年李大钊赴日本留学，更多地接触到西方文化和社会主义思想、马克思主义学说。1917年年底入北京大学任图书馆主任，曾参与编辑《新青年》。1920年在北京组织了初期的共产主义活动，为中国共产党创建人之一。1927年4月，被当时占据北京的奉系军阀张作霖定以"俄奸"罪名而杀害。

李大钊主持编纂的《新青年》第6卷第5号，刊出李大钊的长文《我的马克思主义观》，全面介绍马克思主义学说主要内容，详细讲述了唯物史观的基本理论、阶级斗争观点和《资本论》等著述的经济学说。按照李大钊的理解，马克思的社会主义理论大致可分为"历史论"、"现在的理论，就是他的经济论"、"政策论，也称社会主义运动论"，而在实际讲述中又是将"历史论"、"经济论"都归结于唯物史观之内。

李大钊说：研究马克思，"离了他的特有的史观，去考他的社会主义，简直是不可能。因为他根据他的史观，确定社会组织是由如何的根本原因变化而来的"。随后，李大钊发表《物质变动与道德变动》、《由经济上解释中国近代思想变动的原因》，开始运用唯物史观探讨历史问题。1920年，又在北京大学等校开设《唯物史观》、《史学思想史》等课程，其中许多章节也曾作为论文发表。这都表明李大钊已经把关注与研究的重点置于历史观和史学理论方面，为后来马克思主义史学理论的创建打下了基础。

除了李大钊对马克思主义进行传播之外，还有陈独秀、李达、杨匏安、李汉俊等。

陈独秀，字仲甫，安徽怀宁人。中国共产党的创始人和早期的主要领导人之一，五四运动的发起者和中国共产党的创始人之一，是马克思主义在中国传播时期的代表人物。陈独秀出身于一个没落的地主家庭，自幼饱读四书五经。1901年，陈独秀多次东渡日本留学，并且参加了中国留学生组织的"励志社"的话剧。1903年4月，陈独秀在安庆组织了安徽爱国会，追随康有为、梁启超从而成为资产阶级改良派。1915年夏，陈独秀创办《青年》杂志，第二卷改成了《新青年》，举起了"民主"和"科学"的两面大旗，掀起了介绍西方文化和马克思主义的浪潮。十月革命后，陈独秀开始接受马克思主义，在1919年4月发表了《二十世纪俄罗斯的革命》，认为俄罗斯的社会革命是人类社会发展和进化的关键。1919年5月《新青年》第6卷第5号，刊出"马克思主义研究专号"，公开传播马克思主义。1919年6月陈独秀因宣传新思想被捕入狱，同年9月出狱以后，继续坚持《新青年》宣传马克思主义的方针。

1920年3月1日，陈独秀发表了《马尔库塞人口论与中国人口问题》，开始运用马克思主义唯物史观批判马尔库塞的人口理论。1920年5月1日，陈独秀主编的《新青年》发表刊出"劳动节"专号，向劳动者宣传马克思主义，发表了《劳动者底觉悟》和《上海厚生纱厂湖南女工问题》等文章，由于认识到中国革命要走社会主义道路，陈独秀开始积极参与中国无产阶级的革命斗争，1920年5月，陈独秀在上海成立"马克思主义研究会"，并且和李大钊一起商议组建中国共产党，还草拟了《党纲》。1920年8月，成立了中国共产党上海组织，陈独秀为书记，开始真正成为一名马克思主义者。同年9月，陈独秀在《新青年》第8卷第1号上发表了《谈政治》，表明了自己的马克思主义立场和态度，也标志着陈独秀从激进的民主主义者转变为一个马克思主义者。

五四时期，李达专攻马克思主义理论。他先后研读了《共产党宣言》、《资本论》第1卷、《〈政治经济学批判〉序言》等著作和许多介绍马克思主义的书籍，很快成为马克思主义者，并开始积极参加马克思主义的传播工作。1919年6月，他在上海《民国日报》副刊《觉悟》上，连着发表《什么叫社会主义》、《社会主义的目的》两篇文章，用他当时所理解的科学社会主义原理，简要地说明了社会主义的内涵和目的。《什么叫社会主义》一文，阐述了社会主义与共产主义、无政府主义的区别和界限，指出它们"各有各的主张，不能笼统说的"。

在当时无政府主义盛行、一些先进分子尚未摆脱其影响的情况下，这种分析与区别是非常难能可贵的。《社会主义的目的》一文，则通过对社会主义与资本主义的两相比照，指出社会主义是在资本主义制度下，由于社会不平等而形成的，本质上是为了改变社会的不平等状况。社会主义有两面最鲜艳的旗帜："一面是救济经济上的不平均，一面是恢复人类真正平等的状态。"文章明确指出，从这种意义上讲，社会主义是克服资本主义弊端的"一帖对症的良药"。这篇文章从马克思主义的政治目标入手，旗帜鲜明地指出社会主义是消灭私有制和剥削制度的根本途径，比较准确地把握了社会主义运动的目的，对中国人了解马克思主义及社会主义，提供了正确的指导。

李汉俊早年留学日本，刚接触马克思主义理论，1918年底回到上海，随即参加《星期评论》的编辑工作，引导该刊成为当时国内宣传马克思主义的主阵地之一。他对马克思主义的介绍，侧重于马克思主义的社会经济和社会改造理论。1919年8月，他在《星期评论》杂志发表《怎么样进化》一文，抨击资本主义制度的不合理性，强调资本主义必然被社会主义所取代，阶级斗争是打倒资本主义制度、建设社会主义制度的根本手段。1920年初，他又发表《改造要全部改造》、《三益主义》等文章，批评互助论的改良主义，强调要实行马克思主义的彻底改造。上述文章及观点，也在当时产生了较大的影响。

杨匏安主要是在华南地区宣传马克思主义。1919年11月，他在《广东中华新报》上以连载形式发表《马克思主义（Marxism）》一文。主要根据《新青年》马克思主义研究专号而撰写的这篇文章，以马克思的唯物史观和政治经济学观点为基础，论证了社会主义的科学性。文章指出："马氏以唯物的史观为经，以革命思想为纬，加之以在英法观察经济状态之所得，遂构成一种以经济的内容为主之世界观，此其所以称科学的社会主义也。"这一科学的社会主义出现后，使以前之社会主义于理论及实际上，顿失其光辉。1919年10月至11月，他又在《广东中华新报》上先后发表《社会主义（Socialism）》、《共产主义（Communism）》、《社会民主主义》、《国家社会主义（StateSocialism）》等文章，对各派社会主义学说作了扼要介绍，使人们对各派社会主义学说有了比较全面的了解。这些文章在华南地区产生了较大影响，推动了马克思主义在更广阔的范围内的传播。

二、马克思主义与非马克思主义的论战

马克思主义正如一切新生力量的出现必然遭致陈腐势力

的压制与阻挠一样，在中国的传播一开始就遭到诸多非难与指责。顽固势力诬称马克思主义是"过激主义"，把它看作是洪水猛兽、异端邪说而加以攻击；军阀政府则一再下令，要"严密查禁"宣传马克思主义的报刊书籍，镇压迫害那些新思想的传播者。与此同时，一些资产阶级知识分子也对马克思主义的传播表现出了种种的忧虑、恐惧和抵制，马克思主义在宣传中还受到了无政府主义的干扰。于是，就导致了"问题与主义"、社会主义与资本主义以及马克思主义同无政府主义的论争。

第一，关于"问题与主义"的论争。"问题与主义"的论争主要是在胡适和李大钊之间展开的，其实质主要是革命还是改良。1919年6月，在陈独秀因散发传单被捕入狱、李大钊也被迫离开北京后，胡适开始编辑《每周评论》。他随即扭转了这个期刊原来的方向，把它作为宣扬实用主义的阵地，并且连续在第26期、27期上刊登了美国实用主义的代表人物杜威在中国各地的演讲录。1919年7月20日，胡适在该刊上发表了《多研究些问题，少谈些"主义"》一文，胡适认为，"空谈好听的'主义'是极其容易的事情，是阿猫阿狗都能做的事，是鹦鹉和留声机都能做的事"，"空谈外来进口的'主义'是没有什么用处的。一切主义都是某时某地的有心人，对于那时那地的社会需要救济的方法。我们不去实地研究我们现在的社会需要，单会高谈某某主义，好比医生单记得许多汤头歌诀，不去研究病人的症候，如何能有用呢？"再者，"偏向纸上的'主义'是很危险的。这种口头禅很容易被无耻政客利用来做种种害人的事"。

针对胡适的诘难，李大钊立刻以《再论问题与主义》一文予以反驳。在这篇文章中，李大钊运用唯物史观的基本原理，对胡适的观点作了强有力的回击。首先，文章强调了宣传主义的必要性和致用性，指出"一个社会问题的解决，必须靠着社会上多数人共同的运动"，要想解决一个问题，应该设法使社会上可以解决这个问题的多数人，"先有一个共同趋向的理想、主义，作他们实验自己生活上满意不满意的尺度（即是一种工具）"。因此，"我们的社会运动，一方面固然要研究实际的问题，一方面也要宣传理想的主义。这是交相为用的，这是并行不悖的"。

接着，文章反驳了胡适以宣传主义为空谈的指责，指出"偏于纸上空谈"，不是"主义本身带来的"，他说："大凡一个主义，都有理想与实用两面。例如民主主义的理想，不论在哪一国，大致都很相同。把这个理想适用到实际的政治上去，那就因时、因所、因事的性质情形，有些不同。社会主义，亦复如是。他那互助友谊的精神，不论是科学派、空想派，都拿他来作基础。把这个精神适用到实际的方法上去，又都不同。我们只要把这个那个的主义，拿来作工具，用以为实际的运动，他会因时、因所、因事的性质情形生出一种适应环境的变化……一个社会主义者，为使他的主义在世界上发生一些影响，必须要研究怎么可以把他的理想尽量应用于环绕着他的实境。所以现代的社会主义，包含着许多把他的精神变作实际的形式，使合于现在需要的企图。这可以证明主义的本性，原有适应实际的可能性，不过被专事空谈的人用了，就变成空的罢了。"李大钊不仅正面论述了问题与主义的科学关系，而且还明确了自己的政治态度，驳斥了胡适反对马克思主义的观点。

李大钊的文章发表后，胡适又接连发表《三论问题与主义》、《四论问题与主义》等文，对《多研究些问题，少谈些"主义"》一文的若干问题作了修补，同时继续坚持原来的观点。然而，"问题与主义"之争，不仅不能湮灭正在扩大的马克思主义的影响，反而进一步扩大了它的影响，使马克思主义在五四运动后焕发出更加旺盛的生命力。

"问题与主义"之争，说明了新文化运动在十月革命的影响下，在五四运动的冲击下，已向人们尖锐地提出了中国向何处去、走什么道路的问题：是走彻底的反对帝国主义和封建主义统治的革命道路，还是走向同帝国主义和封建主义妥协投降的改良主义道路。区分两者的关键就在是否接受马克思主义，是否用马克思主义来观察和指导中国革命。共产主义知识分子在这场争论中打退了资产阶级右翼知识分子的进攻，并明确自己的立场，宣布自己的信仰，使马克思主义成为新文化运动的主流，有力地促进了马克思主义在全国的传播。

第二，关于社会主义的论战。从1919年下半年到1920年，报刊上关于宣传和讨论社会主义的文章日益增多，苏俄列宁政府两次对华宣言，不仅受到中国人民的热烈欢迎，更引起人们对社会主义的理解和向往；各地共产主义小组先后成立，马克思主义开始与中国工人运动和革命斗争相结合。这种形势使一部分资产阶级知识分子不得不在"社会主义"的幌子下，来反对马克思主义在中国的传播，反对中国人民走社会主义道路。

这次争论是由反动的研究系分子张东荪、梁启超等人发

动的。在五四运动前后，研究系分子就已经开始研究在中国预防布尔什维主义的方法。他们打着社会主义的旗号，反对科学社会主义，积极宣传贩卖西方各种各样的唯心主义、改良主义与修正主义思潮，但是这些都未能得逞。于是他们丢掉了"社会主义"的假面具，反对宣传社会主义，反对进行社会主义运动，公开鼓吹中国只能走资本主义道路。

张东荪等人是配合着罗素来华讲学挑起这场争论的。罗素在华的讲演中，除了攻击十月革命、宣扬资本帝国主义、鼓吹改良主义、反对马克思主义等外，他还特地谈到所谓"中国人到自由之路"的问题。他宣扬因为中国实业不发达，所以没有阶级差别和阶级斗争。在罗素看来，中国连他们所宣扬的伪"社会主义"也没有资格实行。

张东荪发表的文章和讲话，实际上也是主张在中国走资本主义道路，却故意回避使用资本主义这一概念，还时而装作赞成社会主义的模样。他就是用这种虚伪手法来反对马克思主义宣传和社会主义运动的。张东荪的讲话和文章一发表，立即受到进步舆论的指责。《民国日报》、《觉悟》副刊连续发表《评张东荪的"又一教训"》和《再评张东荪的"又一教训"》两文，上海《正报》也发表文章予以驳斥。

陈独秀也连续发出给罗素和张东荪的两封信，对他们的谬论严加谴责，并将这些文章、信件连同张东荪的文章编辑在一起，题名《社会主义讨论》，发表在1920年12月1日出版的《新青年》第8卷第4号上，发动人们进行广泛的讨论和批判。讨论展开后，参加者越来越多。张东荪等人除继续在《时事新报》上发表短文为自己辩护外，还在他们主办的《改造》月刊上连续发表长篇文章，系统地阐述他们的反动谬论。他们还把矛头指向中国的马克思主义者正在酝酿成立中国共产党的活动上。

张东荪完全抹杀了工农群众在中国社会改造中的作用后，就把所谓"财阀"绅商阶级抬了出来，认为只有依靠这个阶级发展资本主义，才能医治中国的"贫乏病"。但中国的资产阶级是十分软弱的，他们虽然为自己描绘了一幅发展资本主义的美好图画，却没有也不可能去实现，最后不得不求助于封建势力和帝国主义。张东荪就殷切期望中国的一部分军阀可以"蜕化为财阀"，成为新兴的"绅商阶级"，并乞求帝国主义"帮助"中国开发实业。如果照张东荪等人这样一套谬论发展下去，中国的前途绝不是什么资本主义，而是不折不扣的半封建半殖民主义。

当时的共产主义知识分子李达、陈独秀、李大钊、蔡和森、毛泽东等均先后发表重要文章予以驳斥。这些批判文章首先驳斥了张东荪等歪曲中国社会现状、诬蔑工农群众的谬论。有的批判文章大量运用具体材料，揭露了地主阶级对农民的残酷剥削和压迫，指出农民中蕴藏着强大的革命潜力，无论在革命的准备时期还是在革命的实行时期，他们都应当占有重要位置。

批判文章还着重驳斥了张东荪等人所谓只有发展资本主义才能富国富民的谎言。他们指出在国际帝国主义经济侵略下，要想在中国依靠发展资本主义来竞存于世是根本不可能的。他们根据十月革命后世界形势的变化和发展，指出只有社会主义才是中国真正的出路。

李达指出：只有联合绝大多数的无产阶级和劳动群众，进行猛烈的群众运动，夺取国家权力，从资产阶级手中夺取一切资本和权利，将一切重要的生产资料集中到无产阶级的国家手里，才能取得社会主义的胜利。蔡和森也揭露张东荪等人宣扬的"社会主义"是为资产阶级服务的，与无产阶级的社会革命毫无共同之处。

这场论战大概持续了一年的时间，张东荪等人在被揭露批判后，只好借助于基尔特社会主义，他主张研究中国的"同业公会"，但是立即受到了舆论的驳斥。《新青年》指出，主张基尔特社会主义，就是主张资本主义的别名，这是自欺欺人的伪善者。此后，张东荪等人不得不抛弃"社会主义"的假面具，继而公开投到反动派的阵营里去了。

这场论战除在报刊上进行外，当时一些进步社团内部也进行着类似的争论。例如1920年下半年，在新民学会会员中展开了用什么方法达到改造中国与世界的目的的热烈辩论。辩论先是在留法勤工俭学的新民学会会员中开始的，以蔡和森为首的多数人认为：中国将来的改造，完全适用社会主义的原理和方法。他们赞成马克思主义，主张用十月革命的方法去达到改造中国与世界的目的，并要先组织共产党，因为它是革命运动的发起者、宣传者、先锋队、作战部。

但以萧子升为代表的少数人则主张温和的革命，以教育为工具的革命，以工会、合作社为实行改革的方法，并倾向于无政府式——普鲁东式的"新"式革命。这两派都写信给毛泽东，征求他的意见。毛泽东复信表示坚决支持蔡和森的意见，反对萧子升的主张。毛泽东还多次组织在长沙的新民学会会员讨论这个问题。绝大多数人都同意毛泽东的意见，赞成马克思主义，走十月革命的道路。

第三，关于马克思主义与无政府主义的论战。无政府主义是19世纪下半叶流行于欧美的一种小资产阶级的社会主义思潮，早在20世纪初就传入中国。辛亥革命后由于多种原因，无政府主义在中国大地上得到广泛传播。据不完全统计，五四时期全国出版的宣传无政府主义的书刊，达70余种之多。无政府主义最初传入中国时，其强烈的反抗性对中国的专制统治及其思想体系带来极大冲击，对资本主义制度的批判及未来社会的描述，同马克思主义有着极其相似的地方。因此，在马克思主义最初的传播介绍者眼中，曾一度视无政府主义为自己的同盟者，许多先进分子都不同程度地受到了它的影响。但是，无政府主义毕竟与马克思主义有着根本性的差异。其不同之处，主要表现在是否要实行无产阶级专政，是否要有无产阶级的政权形态和经济组织。

1919年5月，无政府主义者黄凌霜，在《新青年》上发表《马克思学说的批评》，首先向马克思主义发难。他非难无产阶级专政，反对一切政权形式。

对此，陈独秀于1920年9月在《新青年》发表《论政治》一文，打响了马克思主义者批判无政府主义的第一炮。随后，

《新青年》相继发表陈独秀的《社会主义批评》、《下品的无政府党》等文章，继续对无政府主义展开批判。1921年春，无政府主义者区声白三次致信陈独秀，就陈独秀在《社会主义批评》中对无政府主义的批评进行辩护。陈独秀将两人的通信，以《讨论无政府主义》为题在《新青年》辟专栏登出，使双方的争论进一步明朗化。

作为批判无政府主义的另外一个重要阵地的《共产党》月刊，陆续发表了李达的《社会主义革命的商榷》、《无政府主义的解剖》，无懈的《我们为什么主张共产主义》，施存统的《我们要怎样干社会革命》，以及张闻天的《无抵抗主义底我见》等一系列文章，对无政府主义的理论和实践，进行了较为全面的剖析和批判。

在这一过程中，陈独秀主要从经验事实层面剖析了无政府主义不切实际的错误观点。他在《讨论无政府主义》一文中，针对无政府主义关于无产阶级专政剥夺个人自由、无政府社会是人人可以自由加入退出的组织的观点，指出："若是事无大小都要人人同意，那不肯同意的少数人，不肯牺牲自己的意见服从多数，除了退出无他办法，照这样常常纷乱起来，大规模的生产团体里，一日之内不知有多少事务，一日之内便不知有多少人退出，多少人加入，在事务和技术的经验上、熟练上、秩序上看起来，非闹到由停顿而破产不止"。他认为，改变社会现状的唯一办法，是立足现实，积极进取，努力改革社会制度，那种所谓"绝对自由"的无政府主义追求，对于社会改革和发展来说，只能是成事不足，败事有余。

李达对无政府主义的批判，则侧重于理论上鞭辟入里的剖析。他指出，无政府主义的哲学基础是个人主义。其鼻祖施蒂纳、蒲鲁东、巴枯宁、克鲁泡特金等，都有鲜明的个人主义特征，都主张个人的绝对主权和自由，主张放纵个人的心意性格。这种以他人存在为敌的极端个人主义思想，实际为自私品格的宣泄，由此所产生的破坏作用，是任何社会都难以承受的。无政府主义者否认一切国家，要求摆脱一切的束缚，将国家机关、政治权利、法律统统视为对立面的这种观点是不正确的。

这场持续了一年多的马克思主义与无政府主义的论争，以马克思主义大获全胜而告终。经过论争，大批进步青年划清了马克思主义与无政府主义的界限，走上了马克思主义的道路；有些原来无政府主义的信仰者，也由此转向马克思主义。马克思主义在中国也得到了广泛的传播。

第四章　新中国建立时期的
社会主义文化建设

第一节　毛泽东的文化观

一、毛泽东的新民主主义文化观

毛泽东的文化观是毛泽东思想的重要组成部分。作为伟大的马克思主义者，无产阶级革命家、战略家和理论家，毛泽东站在时代的高度，从人类历史发展角度，对中国新文化建设及走向提出了许多独到的见解，其内容博大精深并且自成体系，是对马克思主义文化观的继承和发展。

中国共产党在艰难的武装斗争中，将新民主主义文化的阶级性和时代性统一起来，确定了新民主主义文化是无产阶级领导的人民大众的反帝反封建的文化，也就是民族的科学的大众的文化，从而选择了新民主主义文化的发展方向。中国共产党将新民主主义文化的阶级性和时代性有机结合，将时代性寓于民族性之中。新民主主义文化的民族性是新民主主义文化发展的永恒主题，在半殖民地半封建的中国，新民主主义文化的民族性就是推翻帝国主义的压迫，赢得中华民族的独立和尊严。

纵观近代中国80年的发展历程，在西方先进的资本主义生产方式与制度的挑战和猛烈冲击下，封建的自然经济和专制制度发生了剧烈的动荡和变化，社会的变动就必然会引起文化观念形态的变化，中国社会的当务之急就是争取社会民主，发展民族工业。但是，空前严重的民族危机却使这一急务，被争取民族生存与独立的更为急迫的任务所掩盖，民族独立成为当时社会一切发展的主题，因而民族性也在社会历史发展中被时代赋予不同的内涵。

坚持新民主主义文化的民族性，并不是固守中国一切文化而盲目排斥外来文化。中国共产党继承了中华文化传统中包容乃大的精神，坚持新民主主义文化的民族性，对外来文化吸取其精华，剔除其糟粕，既不盲目自尊，也没有全盘西化。中国共产主义者对于马克思主义在中国的应用也如此，它将马克思主义的普遍真理和中国革命的具体实践结合起来。因此，不能主观地应用它而是只有经过一定的民族形式并且和民族的特点相结合，才能发挥作用。

中国文化应该有自己的民族形式。新民主主义文化的科学性是坚持新民主主义文化方向正确发展的前提。毛泽东同志将新民主主义文化的科学性界定为反对一切封建思想和迷信思想，主张实事求是，坚持客观真理，主张理论和实践是一致的。那么，如何正确地对待传统文化便成为其具体的内涵。中国共产党是历史唯物主义者，尊重自己的历史，而不是割断与历史的联系，但是这种尊重是给历史一定的科学地位，是尊重历史的辩证法的发展。对于传统文化历史加以科学的分析，剔除其封建性的糟粕，吸收其民主性的精华，发展新民主主义文化。对传统文化不加分析地颂古非今或虚无主义都是错误的。

新民主主义的大众文化是确定新民主主义文化发展方向的基础。大众的文化必定是为大多数的工农劳苦民众服务的，这就是要广大的工农大众真正掌握运用和享有这种文化，使之成为工农大众战胜敌人的有利武器，才有其革命文化的地位。大众的文化又使新民主主义的文化具有无限的发展空间，民众是革命文化的无限丰富的源泉，这又要求从事文化的革命工作者用工农大众的生活、工农大众的语言、工农大众的情感和工农大众的形式去发展大众的文化。

二、毛泽东的社会主义文化观

在社会主义时期，毛泽东特别注意正确把握马克思主义和发展马克思主义的辩证关系，并以马克思主义为指导，探索社会主义文化发展的特殊规律，适应社会主义建设的实际情况和发展需要，在新的层次上对中西文化进行整合，并在新民主主义文化论的基础上，对中国新文化再次提炼概括，形成了中国社会主义的文化观念。关于社会主义文化的内涵，毛泽东主要从社会主义文化的主体性、民族性和兼容性这三方面进行了阐述。

（一）社会主义文化的主体性

首先，社会主义的文化应当是"中国共产党人所领导的共产主义的文化思想"。毛泽东认为，五四运动以来中国产生了完全崭新的文化生力军，这就是中国共产党人所领导的共产主义的文化思想，共产主义思想原则是决定社会主义文化内容的重要标志，这是中国的历史已经证明了的，新民主主义时期如此，社会主义时期也如此。在社会主义建设时期，我们必须坚持马克思列宁主义为党和国家的指导思想，要使广大人民具有共产主义的理想。共产主义思想不是在无产阶级的头脑中自发地产生的，而只能从外面灌输进去。因此，社会主义文化工作者的历史使命就是扩大共产主义思想的宣传，加紧马克思主义的学习，使人民群众树立共产主义的理想。同时，我们现在进行的是社会主义事业，最终目标是实现共产主义，坚持共产主义的理想和目标，就能保证我国社会主义现代化建设的方向，也使社会主义文化的自身发展和创新在社会主义轨道上进行。因此，社会主义的文化只能由无产阶级的文化思想也就是共产主义思想去领导。

其次，社会主义的文化必须"为千千万万劳动人民，为这些国家的精华、国家的力量、国家的未来服务"，这是社会主义文化的党性原则，也是社会主义文化的主体内容之一。早在新民主主义时期，毛泽东就提出新民主主义的文化是大众的，因而是民主的。那么，何谓人民大众呢？毛泽东认为，那就是最广大的人民，占全国人口百分之九十以上的人民，是工人、农民、兵士和城乡小资产阶级。这就是说，文化必须为广大人民服务。在社会主义时期，人民的概念也随之发生了变化，社会主义文化为人民服务包括了为各民族的工人、农民、知识分子及其他劳动群众以及一切拥护社会主义、维护祖国统一的爱国人士服务。这既体现了文化为人民服务、为社会主义服务的原则，也体现了社会主义文化的重要内容。社会主义文化确立为人民群众服务的方向，这是符合中国国情的新文化的根本特征。因为，社会主义文化事业是千千万万人民群众的事业，人民群众是文化的真正主人，是社会主义文化的丰富源泉。这是我国社会主义文化事业生命力之所在。

（二）社会主义文化的民族性

社会主义文化应当有民族的形式，有民族的内容，有民族的特性。这是毛泽东对待社会主义文化的一个基本观点。毛泽东认为，文化发展不能割断历史，社会主义文化同样不能离开本民族的历史传统凭空产生，只能来自对历史文化扬弃，并糅合到现代文化结构中。中华民族历史悠久，它的传统文化以其源远流长、精深博大而著称于世。这就要求我们正确对待传统文化中的优秀遗产，在新的历史条件下推陈出新。毛泽东早就指出："从孔夫子到孙中山，我们应该给予总结，承继这一份珍贵的遗产。"毛泽东关于批判地继承传统文化的思想也是对马克思主义文化思想的继承和发展。毛泽东提倡社会主义文化的成长，要汲取传统文化的营养，但并不是不加选择，兼容并包。对待传统文化要批判继承，决不能无批判地兼收并蓄，这种文化扬弃观是他一生身体力行的实践准则。毛泽东一生十分善于汲取和改造中国传统文化遗产。他的哲学思想、军事思想、文化思想，都批判地汲取了中国古代哲学家、军事家和文学家的优秀成果。尽管毛泽东对中国传统文化很钟爱，但是他一直注意用理性的目光来审视传统文化，告诫人们，传统文化的落后部分所形成的潜意识对创新意识有一种巨大的阻碍。毛泽东强调对中国传统文化进行批判地继承与革新创造的辩证关系，他认为，批判地继承中国传统文化遗产，目的是创造和发展社会主义的新文化。因此，毛泽东多次强调，社会主义文化体系对待传统文化，一定要采取批判继承的态度，实行肯定与否定的辩证统一，既要反对食古不化，盲目推崇；又要反对不加分析地否定一切，实行民族虚无主义。

（三）社会主义文化的兼容性

社会主义文化发展离不开世界文明。各个民族都有自己的长处和优势，特别是西方资本主义在短短的几个世纪里不仅创造出巨大的物质财富，而且创造出高度发达的科学技术和辉煌的文化艺术。资本主义的积极文化成果是人类文明的重要组成部分。中国社会主义建立时间不长，不仅本身底子薄，而且长期的战争又留下了很大的创伤。要想使社会主义在中国立于不败之地，就必须认真吸收与借鉴资本主义的政治、经济和文化中优秀的东西，加快我国社会主义文化现代化、科学化的脚步。对此，我们应当有一个实事求是的态度。毛泽东指出："近代文化，外国比我们高，要承认这一点"。因此，我们要吸收外国文化的长处，以使我们自己的东西有一个跃进。也就是说，我们要在对西方文化有分析有批判地学习的基础上，使中西文化得到结合，使我国的社会主义文化品位得到较大的提高。毛泽东指出：中国的社会主义文化，"要反对教条主义，反对保守主义，这两个东西对中国都是不利的。学外国不等于一切照搬。向古人学习是为了现在的活人，向外国人学习是为了今天的中国人。"毛泽东在这个基础上提出，"中国的和外国的，两边都要学好。半瓶醋是不行的，要使两个半瓶醋变成两个一瓶醋。"即在中西文化结合上，建立一座畅通无阻的健康桥梁，与中国的实际相结合，形成适合中国特点的高品位的中国社会主义新文化。

1957年，毛泽东系统阐述了关于社会主义文化建设的方针，他说："百花齐放、百家争鸣、长期共存、互相监督，这几个口号是怎样提出来的呢？它是根据中国的具体情况提出来的，是在承认社会主义社会仍存在着各种矛盾的基础上提出来的。百花齐放、百家争鸣的方针，是在国家需要迅速发展经济和文化的迫切要求上提出来的。是促进艺术发展经济和文化的迫切要求上提出来的，是促进艺术发展和科学进步的方针，是促进我国的社会主义文化繁荣的方针。艺术上不同的形式和风格可以自由发展，科学上不同的学派可以自由争论。"

这一方针直接继承了五四运动精神，体现了最广泛的社会主义民主政治要求，体现了文化的先进性要求，符合世界文明发展的大方向，在执政条件下完善了先进文化的理念。

第二节　"双百"方针

一、"双百"方针的提出

"双百"方针是为了解决新中国文化建设面临的新问题和促进新中国文化建设的繁荣而产生的。

1949年9月21日，毛泽东在中国人民政治协商会议上宣告"中国人民站起来了"的同时，还对这个开辟新纪元的历史性转变作了文化的畅想。他认为，随着中国经济建设高潮的到来，不可避免地将要出现文化的高潮。中国人被认为不文明的时代已经过去，我们将以一个具有高度发达的文化的民族出现于世界。为了更好地推动和促进社会主义文化事业的发展和创新，毛泽东创造性地提出了"百花齐放、百家争鸣"的方针。

"百花齐放"的提出来源于戏曲问题的争论。中国戏剧丰富多彩，人们对于如何对待中国传统戏曲的态度有所不同。在五四运动、新文化运动中，陈独秀在批判封建旧文化时将中国戏剧也列在反对之列，犯了形式主义的错误。毛泽东在《新民主主义论》中阐述了对待中国古代文化和外国文化的正确方针。

1942年毛泽东为延安平剧研究院成立作了"推陈出新"的题词，明确了如何对待传统戏剧的态度。但全国解放后争论又起，有人主张全部继承，有人则认为应全盘否定。1951年4月3日，中国戏曲研究院成立，毛泽东题写了"百花齐放，推陈出新"八个大字。这一题词实际上成了建国初期戏曲工作的指导方针，但是尚未涉及整个文艺界、科学界。他主张京剧还是要不断创新，不单是京剧，各种戏曲形式都要去其糟粕，取其精华，加以继承。

"百家争鸣"是毛泽东在1953年就中国历史问题的研究提出来的。1953年中央决定要中宣部就中国历史问题、中国文字改革问题、语文教学问题组织三个委员会加以研究。当时，中国历史问题研究委员会主任向毛泽东请示历史研究工作的方针，毛泽东提出要百家争鸣；1956年4月25日，毛泽东在政治局扩大会议上作了《论十大关系》的讲话，这个讲话涉及了关于科学文化工作中的指导思想和基本方针问题。1956年4月28日，毛泽东在作会议总结发言时明确提出艺术问题上的"百花齐放"，学术问题上的"百家争鸣"，应该成为我国发展科学，繁荣文学艺术的方针。

1956年5月2日，毛泽东在最高国务会议第七次会议上正式提出实行"双百方针"。他说，春天来了，一百种花都让它开放，不要让几种花开放，还有几种花不让它开放，这就叫百花齐放。他还说，百家争鸣是诸子百家，春秋战国时代，两千年前那个时候，有许多学说，大家自由争论，现在我们也需要这个。他指出：在中华人民共和国宪法范围之内，各种学术思想，正确的，错误的，让他们去说，不去干涉他们。李森科、非李森科，我们搞不清，有那么多的学说，那么多的自然科学，就是社会科学，这一派，那一派，让他们去说，在刊物上、报纸上可以说各种意见。

1957年2月，毛泽东在最高国务会议第十一次（扩大）会议上的讲话中宣布："百花齐放、百家争鸣"是党促进艺术发展和科学进步，促进社会主义文化繁荣的方针。这次讲话经整理补充后以《关于正确处理人民内部矛盾的问题》为题，于6月19日在《人民日报》公开发表。同年3月，毛泽东《在中国共产党全国宣传工作会议上的讲话》中，再次强调"百花齐放、百家争鸣"，是党对科学文化工作基本性的长期性方针，不是一个暂时性的方针。之后，他在中国共产党宣传工作会议上又再次强调，"百花齐放、百家争鸣"的方针，对于科学和艺术的发展给予了新的保证，"百花齐放、百家争鸣"是一个基本性的同时也是长期性的方针，不是一个暂时性的方针。这些都是毛泽东在新中国刚进行社会主义建设的探索时期对中国化马克思主义先进文化所进行的理论探索。

二、"双百"方针的内容

"双百"方针即"百花齐放、百家争鸣"，具体地说，在文艺创作上，允许不同风格、不同流派、不同题材、不同手法的作品同时存在，自由发展；在学术理论上，提倡不同学派、不同观点互相争鸣，自由讨论。

"双百"方针是促进科学进步文化发展的一个基本方

针，它符合文化发展的内在规律。

首先是"百花齐放、百家争鸣"的文化方针体现了一种在文学领域中的海纳百川、有容乃大的宽容态度。毛泽东认为文学艺术和政治不能完全划等号，作为社会主义的文化必须为无产阶级政治服务，必须体现无产阶级的意志，这是文化的方向和线路问题，决不能动摇。但是作为文化领域的学术问题，不能对其进行行政干预和政治划线而应海纳百川、兼收并蓄。

毛泽东指出，艺术上的不同风格和形式可以自由发展，科学上的不同学派可以自由争论。利用行政力量来强制推行一种学派。禁止另一种风格和学派则会有害于学术研究和学术争论。任何科学技术、文学艺术的发展都有一个自身不断完善的过程。自然界和人类社会是不断发展变化的，这就决定了人们认识自然、改造自然、利用自然、认识社会、改造社会也是多方位、多角度的；由于人们的世界观和方法论的不同，得出的认识和结果也不尽相同，就会出现正确的和错误的结论。这就决定了认识的过程是一个从不完善到完善的过程。

纵观古今中外，每个重要理论学说，都是经过激烈的甚至是长期反复的争论才能得到确认。真理在开始的时候往往被少数人掌握，甚至会受到压制。达尔文提出的进化论刚开始被认为是错误的东西并且不断遭到抨击，但是达尔文仍然坚持不放弃。人类认识的历史证明：没有争鸣、恐惧争鸣，就不可能有学术理论的发展和创新；没有争鸣、恐惧争鸣，真理就难以克服谬误，学术思想就会停止、僵化。争鸣就是要开展学术讨论，探索真理，推进文化的创新，这是一个严肃的研究过程。

可见，"百家争鸣"就是获得真理性认识的重要方法，也是文化发展的重要规律。正因为如此，要认识和发展真理，就必须营造一个良好的学术环境。也正如刘少奇在中国共产党第八次全国代表大会上代表党中央所作的报告中所说的："科学上的真理是愈辩愈明的，艺术上的风格必须是兼容并包的。中国共产党对于学术性质和艺术性质的问题，不应当依靠行政命令来实现自己的领导，而是要倡导自由讨论和自由竞赛来推动科学和艺术的发展。"

要鼓励大胆探索、勇于创新、坚持真理、修正错误到彻底的唯物主义态度。在学术争鸣中，要严格区分理论探索、学术行为和政治行为的界限。不要把学术问题当作政治问题，不要扣帽子、抓辫子、打棍子，要坚持在真理面前人人平等。要提倡学术研究的自由，对学术观点、科学探讨的分歧，当然，对于一切错误的思想，应该进行坚决的批判和斗争，我们是反对一切毒草的，但是我们必须谨慎地辨别什么是真的毒草，什么是真的香花。至于什么是毒草什么是香花就要靠时间去判断了。

其次，"百花齐放、百家争鸣"的方针为文化领域的不断发展提供了动力和活力。毛泽东认为，社会在不断地发展，文化不应该单一、保守和教条也应该不断发展和创新。他在1956年《同音乐工作者的谈话》中指出，表现形式应该有所不同，政治上如此，艺术上也应如此。特别像中国这样大的国家，应该"标新立异"。中国的文化发展要反对教条主义和保守主义。

毛泽东不仅主张文化艺术应该不断发展创新，马克思主义理论作为经典理论也应该不断创新和发展。《在中国共产党全国宣传工作会议上的谈话》中，毛泽东指出："马克思主义的原则是不能违背的，违背了就要犯错误。用形而上学的观点来看待马克思主义，把它看成僵死的东西，这是教条主义。""百花齐放、百家争鸣"的方针正是为这种文化不断促进和发展提供新的动力和活力。有了"百花齐放、百家争鸣"的方针，才可能打破马克思主义研究上的教条主义的束缚，使得马克思主义在中国能够不断发展和创新，在实践中发展，在实践中创新，使得新中国的文化事业不断发展和繁荣。

再次，"百花齐放、百家争鸣"的方针对各个领域都有指导作用。"双百"方针不仅能够促进文化的艺术的发展，而且对于社会主义建设各个领域的各项工作都有指导作用，这是由"双百"方针的宗旨决定的。在文艺工作和科学工作方面，把一切积极因素都调动起来，更好地为人民服务，为我国文化繁荣而努力。其基点一是科学精神，二是民主精神，即在学术上实行民主讨论，在艺术上实行自由讨论，通过批评和自我批评，发展正确和先进的东西，纠正错误和落后的东西，用真善美来克服假恶丑，从而达到社会主义科学文化事业健康发展的目的。

这种科学的和民主的精神，这一调动一切积极因素为我国的社会主义现代化建设服务的目的，也正是社会主义各项建设事业所必须的。所以"双百"方针的提出，不仅对科学文化工作者，而且对全国各条战线的工作者，都起到了鼓舞的作用。它为发展科学文化指明了正确的道路，也为发展社会主义建设各项事业指明了正确之路。所以毛泽东说："百花齐放、百家争鸣这个方针不但是使科学和艺术发展的好方法，而且推而广之，也是我们进行一切工作的好办法。"

最后，实行"双百"方针，并不会削弱马克思主义在思想界的领导地位，反而会加强它的这种地位。在贯彻"双百"方针过程中，有人提出马克思主义可不可以批评，也有人担心会削弱马克思主义的领导地位。针对这些问题，毛泽东在党内外会议上多次说明：在我们国家里，马克思主义虽然已经被多数人承认为指导思想，但仍然可以批评。马克思主义是一种科学真理，它是不怕批评的。如果马克思主义害怕批评，可以批评倒，那么马克思主义就没有用了。所以不存在马克思主义可不可以批评的问题。

三、"双百"方针的积极影响

党中央提出的"双百"方针，在文艺界受到了极大欢迎，在很大程度上调动了广大知识分子的积极性，在1956年初到1957年春夏近一年半的时间内，科学文化部门的思想空前活跃，知识分子的政治参与和社会批判的热情空前高涨。

第一个贯彻"百家争鸣"方针的会议，是生物学领域中的摩尔根学派和李森科学派之争。在苏联，这两个学派的争论一度被认为是唯物主义与唯心主义的较量。我们在建国初期由于受苏联的影响，也采取独尊李森科学派而贬低摩尔根学派的态度，一些科学实验遭到粗暴干涉而被迫停止。对此，毛泽东、周恩来指示中央宣传部和中科院进行调研，要求按照"双百"方针的精神加以解决。

1956年8月，全国遗传学座谈会在青岛召开，与会人员中包括了我国遗传学界两派的主要学者。中宣部有关负责人针对遗传学界两派之间严重对立的不正常状况，阐述了党的"双百"方针，明确表示不赞成把摩尔根的观点说成是唯心论，宣布全部摘掉过去强加给摩尔根学派遗传学的各种帽子，强调学术上的不同见解要通过自由讨论和科学实践去解决，对于一时解决不了的问题可以等待，而不要急于作结论。这是"双百"方针提出后，我国为贯彻落实这个方针，突破苏联模式而召开的一次产生重大影响和良好效果的会议。

著名生物学家谈家桢参加了这次会议，40年后老人回忆这段历史，仍然激动不已，"'双百'方针的提出，青岛遗传学座谈会的召开，毛主席的亲自关注，无论对中国遗传学事业，还是对我本人而言，都是久旱逢甘露，是一种莫大的支持。这是我一辈子都不能忘记的"。这次会议打破了几年来我国遗传学派形成的"一家独鸣"的僵硬局面，促进了不同学派之间的团结和合作，产生了积极的影响。其他如动物学会关于麻雀是不是害鸟的争论、中国地理学会关于自然地理和经济地理能否组成地理学以及地理学研究对象的争论、电影界关于电影问题的讨论、中国自然科学史讨论会关于数学史和天文学史的争论、史学界关于中国历史分期的讨论、哲学界关于真理的讨论等等，都呈现出了非常热烈的"争鸣"局面。

据1956年12月21日新华社报道，当年举行的比较重要的全国性学术会议有50多次，多于过去的任何一年。科学工作者提出的学术论文和报告共有2000篇以上，也超过以往任何一年。"双百"方针的提出，使人们的眼界开阔了，思想活跃起来了，自由讨论的风气浓厚了。

"双百"方针的实行，对文艺界来说无疑更是春天的消息。1956年底，中国作家协会作出决定，从1957年起，文学期刊一律取消"机关刊物"的说法，而以某某社或编委会代替，以显示各文学期刊地位平等，淡化"领导、指导"的色彩。广大作家、艺术家满怀激情，采用各种艺术形式，以不同的风格，生动地描绘了人民革命斗争和社会主义建设时期的崭新风貌。

同时，艺术也得到了极大的发展。首先，"双百"方针激发了一大批在五四新文化传统影响下成长起来的老作家的创作热情，在一定程度上消除了自第一次全国文代会以来在五四新文学传统和解放区文学传统间形成的隔阂。许多跨时代的作家都相继发表文章，如沈从文、徐玉诺、汪静之、饶孟侃、孙大雨、穆旦、梁宗岱等。对中国当代文学传统资源的相对狭隘用不同的方式，提出了质疑和批评。

其次，在理论方面提出了反对教条主义，提倡现实主义的"广阔道路论"，提倡文学恢复人道主义传统写人性。围绕"社会主义现实主义"概念及其内涵，周勃、何其芳、秦兆阳、刘绍棠等人都作了深入的思考，其中秦兆阳的题为《现实主义——广阔的道路》一文的影响最大。文章认为，在坚持追求生活真实和艺术真实的前提下，没有必要再对各种"现实主义"作时代的划分。显然，他是受到苏联文学对现实主义创作方法重新界定的影响，也反映了中国文坛对20世纪50年代以后的文艺政策教条主义倾向的反思。这些思考在对现实主义真实性的强调、文学创作主体的肯定、对社会现实的积极干预等方面，在某种程度上可以看作是胡风文艺理论的延续。

另一方面，钱谷融、王淑明、巴人等人对人性和人道主义的阐发，又与有关典型、形象思维等问题的讨论一起，从另一个角度对文学创作中的教条主义和公式化倾向提出了批评。最后，涌现出一大批直面现实的创作成果。如耿简的《爬在旗杆上的人》、王蒙的《组织部来了个年轻人》、刘宾雁的《在桥梁工地上》和《本报内部消息》等小说。

第五章　中国特色社会主义文化 大发展大繁荣

第一节　中国特色社会主义文化

一、中国特色社会主义文化的提出

如果用实践的观点理解文化现象，会把文化看成是人类实践活动的结果，它是人类存在的一种方式，中国特色社会主义文化，正是当代中国马克思主义者将文化的一般内涵与中国社会主义文化相结合而提出的，是一个创新性的文化概念。

中国特色社会主义就是指将社会主义与中国具体实际相结合而形成的社会主义，它是社会主义的一种表现形式，是一个由经济、政治和文化组成的相互作用的一个有机整体。中国特色社会主义文化是中国特色社会主义的重要组成部分，为中国特色社会主义政治、经济等提供强有力的思想保证、精神动力和智力支持。

在改革开放的新时期，以邓小平同志为核心的第二代领导集体在开辟建设中国特色社会主义道路的过程中，根据新的社会历史条件，创造性地阐述了社会主义精神文明建设的思想。十一届三中全会以后，我国的工作由以阶级斗争为中心转移到以经济建设为中心，实行改革开放的政策，物质文明建设取得重大成就。但随着改革开放的进一步发展，市场经济体制的确立，也使得人们的思想观念产生了分化，社会上出现了诸如拜金主义、封建迷信、贪污腐败以及"黄、赌、毒"等丑恶现象。

对此，邓小平同志强调要一手抓物质文明建设，一手抓精神文明建设。两手都要抓，两手都要硬。邓小平指出："不加强精神文明的建设，物质文明的建设也要受破坏，走弯路。"邓小平阐述了一系列关于精神文明建设的思想，他还强调我们要建设的社会主义国家，不但要有高度的物质文明，而且要有高度的精神文明，两个文明都搞好，才是有中国特色的社会主义，搞现代化一定要坚持以经济建设为中心，要有两手，只有一手是不行的。

强调精神文明建设包括思想道德建设和教育科学文化建设两个方面，以提高全民族思想道德水平、形成中华民族共同信念和精神支柱，培养"有理想、有道德、有文化、有纪律"的四有新人为目标的思想道德建设是精神文明建设的灵魂，决定了精神文明建设的性质和方向，要教育人民成为"四有"人民，教育干部成为"四有"干部，特别要教育好青年、教育好后代。强调改革开放是解决中国问题的希望，实行开放政策也会带来一些不好的东西，会对人民产生一些消极的影响，我们要用教育和法律手段解决这个问题。

强调要继承和发扬中华民族的优秀文化传统和党的优良传统，吸收和借鉴人类社会创造的一切文明成果，同时要反对封建主义残留的不良影响，抵制西方资本主义腐朽思想的侵蚀。强调要尊重科学、尊重知识、尊重人才，培养一大批优秀的科学家、教育家、文学艺术家和其他各种专家，思想文化和教育战线上的同志都应当是人类灵魂的工程师。强调思想政治工作和思想政治工作队伍绝不能削弱，对思想上的不正确倾向要以说服教育为主，开展批评与自我批评，不能简单粗暴，也不能不闻不问。强调党要加强对精神文明建设的领导，必须狠狠地抓，一天不放松地抓，从具体事件抓起，从小事抓起，其中最关键的是党风建设和领导干部以身作则。

党的十二大在邓小平一系列论述的基础上阐述了两个文明的关系：物质文明建设是社会主义精神文明建设不可缺少的基础。社会主义精神文明对物质文明的建设不但起到巨大的推动作用，而且保证它的正确发展方向。两种文明的建设，互为条件，又互为目的。社会主义精神文明是社会主义社会的重要特征，是社会主义制度优越性的重要表现。为了更好地做到"两个文明"一起抓，党的十二届六中全会通过了第一个社会主义精神文明建设的决议，指出在社会主义时期，物质文明为精神文明的发展提供物质条件和实践经验，精神文明又为物质文明的发展提供精神动力和智力支持，为它的正确发展方向提供有力的思想保证。社会主义精神文明建设，是关系社会主义兴衰成败的大事。明确规定社会主义精神文明建设的根本任务，是适应社会主义现代化建设的需要，培育有理想、有道德、有文化、有纪律的社会主义公民，提高整个中华民族的思想道德素质和科学文化素质。这些重要论述都成为文化建设的重要方针。

以江泽民同志为核心的党的第三代领导集体在推进建设中国特色社会主义建设的实践中，坚持并且发展了邓小平关于要正确处理两个文明建设、文化建设与经济建设相互关系的思想。江泽民同志在建党70周年的讲话中，明确提出"有中国特色社会主义是社会主义经济、政治、文化的统一整体"，我们不但要建设有中国特色社会主义的经济、政治，同时要建设有中国特色社会主义的文化。

党的十四大、十四届三中全会、十四届六中全会上，江泽民多次阐述了重视精神文明建设和文化建设问题。在党的十五大上，他系统地论述了党在社会主义初级阶段建设有中国特色社会主义的文化纲领，明确把建设有中国特色社会主义的文化作为党在社会主义初级阶段基本纲领的一项基本内容；提出有中国特色社会主义的文化是综合国力的重要标志的重要论断。党的十六大报告进而指出，"当今世界，文化与经济和政治相互交融，在综合国力竞争中的地位和作用越来越突出。文化的力量，深深熔铸在民族的生命力、创造力和凝聚力之中。全党要深刻认识文化建设的战略意义，推动社会主义文化的发展繁荣"。这些重要论断表明了我们党充分认识到了文化与经济和政治越来越紧密联系的历史发展趋势，深刻揭示了文化在当今时代的重要地位和作用。

党的十六大以来，党中央根据人类社会发展的新特点和新趋势，坚持以马克思的辩证唯物主义和历史唯物主义为指导，不断深化关于文化在经济社会发展中的地位和作用的认识，对发展社会主义先进文化提出了一系列新观点和新论断，这不仅进一步丰富和完善了科学发展观，而且也深化了我们对中国特色社会主义文化发展观的认识。胡锦涛同志指出，一个没有文化底蕴的民族，一个不能不断进行文化创新的民族，是很难自立于世界民族之林的。这一论断把文化建设与文化创新联系了起来，把民族的文化素质、文化底蕴、文化创新提到了实现中华民族伟大复兴的高度。

此后，我们党对文化建设也越来越重视，并且采取了更加明确、有效的措施来切实地推动中国特色社会主义文化建设的展开。党的十六届三中全会明确把文化体制改革纳入完善社会主义市场经济体制的重要任务，进一步确定了深化文化体制改革的总体思路和目标。

党的十六届四中全会通过的《中共中央关于加强党的执政能力建设的决定》提出了深化文化体制改革，解放和发展文化生产力的观点。党的十六届五中全会强调要构建公共文化服务体系，积极发展文化事业，大力发展文化产业，创造更多适应人民群众需要的优秀文化产品。

　　中共中央、国务院发出的《关于深化文化体制改革的若干意见》则进一步提出了要"树立新的文化发展观"，意见指出，在全面建设小康社会、实现中华民族伟大复兴的历史进程中，繁荣和发展社会主义先进文化具有全局性战略性地位和作用。必须从全面落实科学发展观、构建社会主义和谐社会的高度，从巩固马克思主义在意识形态领域指导地位的高度，从加强党的执政能力建设的高度，充分认识文化体制改革的重要性和紧迫性，增强责任感和使命感，抓住重要战略机遇期，深化改革，加快发展，为建设社会主义先进文化注入强大的动力。

　　李长春同志指出，坚持解放思想，转变观念，树立新的文化发展观，强调在当前，要解放思想，并且转变观念，最重要的是全面领会党的十六大以来中央关于发展社会主义先进文化的一系列新观点新论断，牢固树立新的文化发展观。

　　在党的十七大报告中，胡锦涛同志更加明确地指出："当今时代，文化越来越成为民族凝聚力和创造力的重要源泉、越来越成为综合国力竞争的重要因素，丰富精神文化生活越来越成为我国人民的热切愿望。要坚持社会主义先进文化前进方向，兴起社会主义文化建设新高潮，激发全民族文化创造活力，提高国家文化软实力，使人民基本文化权益得到更好保障，使社会文化生活更加丰富多彩，使人民精神风貌更加昂扬向上。"

为了实现这一目标，十七大报告明确了四个方面的工作任务，一是建设社会主义核心价值体系，增强社会主义意识形态的吸引力和凝聚力；二是建设和谐文化，培育文明风尚；三是弘扬中华文化，建设中华民族共有精神家园；四是推进文化创新，增强文化发展活力。

胡锦涛同志在2008年1月的全国宣传思想工作会议上强调指出，文化发展要按照"高举旗帜，围绕大局，服务人民，改革创新"的总要求，以更深刻的认识、更开阔的思路、更有效的政策、更得力的措施，着力建设社会主义核心价值体系，着力巩固社会主义主流思想舆论，着力推进社会主义改革创新，推动社会主义文化大发展大繁荣，提高国家文化软实力，为继续解放思想、坚持改革开放、推动科学发展、促进社会和谐营造良好氛围，为夺取全面建设小康社会新胜利、开创中国特色社会主义事业新局面提供强大的思想文化保证。并且胡锦涛同志在十八大上提出了建设文化强国的战略，提出了四项措施，一是要加强社会主义核心价值体系建设，二是要全面提高公民道德素质，三是要丰富人民精神文化生活，四是要增强文化整体实力和竞争力。胡锦涛表示，我们一定要坚持社会主义先进文化的前进方向，树立高度的文化自觉和文化自信，向着建设社会主义文化强国宏伟目标阔步前进。这条道路，符合基本国情、顺应时代发展要求，体现文化建设发展规律，同时也引领文化的繁荣和惠民，应该说是中国特色社会主义发展道路的重要组成部分。

二、中国特色社会主义文化的内涵

第一，中国特色社会主义文化是以马克思主义为指导的文化。坚持以马克思主义为指导，就是坚持马克思列宁主义、毛泽东思想、邓小平理论、"三个代表"重要思想和科学发展观为指导。自从中国共产党成立的那天起就是始终坚持马克思主义的指导，也只有坚持马克思主义的指导，中国共产党才能够领导中国人民不仅取得新民主主义革命的胜利，而且领导人民在社会主义建设的实践过程中，不断取得进步，创造一个又一个奇迹。在社会主义建设的新时期，当代中国马克思主义者多次强调，坚持马克思主义是我们的根本所在。

正如邓小平所指出的那样，马克思主义是我们一切领域的指导思想，我们必须使马克思主义和社会主义、共产主义的宣传，特别是在一些重大理论性、原则性问题上的正确观点，在思想界真正发挥主导作用。

江泽民则更进一步明确指出："坚持马克思列宁主义、毛泽东思想的指导地位，是我们立国的根本，也是社会主义文化建设的根本，决定着我国文化事业的性质和方向。"在新的历史阶段，胡锦涛更加深刻地指出："发展中国特色社会主义，必须坚持以邓小平理论和'三个代表'重要思想为指导，深入贯彻落实科学发展观。"

毛泽东思想是马克思主义普遍原理同中国具体实践相结合的产物；邓小平理论是对毛泽东思想的继承和发展，是当代中国的马克思主义；"三个代表"重要思想又是对马克思列宁主义、毛泽东思想和邓小平理论的继承和发展；科学发展观是马克思主义关于发展的世界观和方法论的集中体现，是同马克思列宁主义、毛泽东思想、邓小平理论、"三个代表"重要思想既一脉相承又与时俱进不断发展的科学理论。

在当前社会，坚持以马克思主义为指导，最重要的是深入贯彻落实科学发展观，以科学发展观为指导思想发展中国特色社会主义文化。"只有这样，我们的文化建设才能沿着正确的道路健康发展，抵制和消除一切落后的、腐朽的思想文化影响，不断创造出先进的、健康的社会主义崭新文化，培养出适应社会主义现代化建设需要的有理想、有道德、有文化、有纪律的新人。"

第二，中国特色社会主义文化是以培养有理想、有道德、有文化、有纪律的公民为目标的文化。

首先，培育有理想、有道德、有文化、有纪律的社会主义公民，是建设社会主义先进文化对公民素质提出的综合要求。其中，有理想、有道德、有纪律是对公民思想道德素质提出的要求，有文化则是对公民科学文化素质的要求。思想道德素质和科学文化素质是有机统一、相辅相成的，二者相互补充、互相联系、相互发展。这就要求我们正确认识有理想、有道德、有文化、有纪律之间的内在联系。"有理想"是指既要有共产主义的理想，也要有现阶段的具体奋斗目标，这个理想就是建设中国特色社会主义，把我国建设成为富强、民主、文明、和谐的社会主义现代化国家。理想是核心和精神支柱。"有道德"就是要有社会主义和共产主义的新型道德，它的具体要求是爱祖国、爱人民、爱劳动、爱科学、爱社会主义。道德是行为的规范和理想的体现。"有文化"就是要掌握现代科学文化知识，具备一定的智力和科技水平。文化是基础，是形成理想信念、道德情操和纪律观念的重要条件；"有纪律"就是指要有自觉的公民意识和法制观念，自觉地遵纪守法。纪律是实现理想、维护道德的重要保证。这四个方面共同构成了培育社会主义社会公民的整体标准。建设中国特色社会主义文化，要始终按照"四有"这样一个整体标准去培养人才，提高人的综合素质，为中国特色社会主义建设提供智力支持和人才支撑。

其次，培育"四有"公民，提高全体公民的素质，是促进人的全面发展的需要。促进人的全面发展，是马克思主义关于建设社会主义新社会的本质要求，是建设社会主义各项事业包括文化建设在内所追求的根本目标。建设中国特色社会主义的各项事业，我们进行的一切工作，都要既着眼于现实的物质文化生活需要，同时又要着眼于促进人民素质的提高，提高全民族的思想道德素质、科学文化素质和健康素质，也就是要努力促进人的全面发展。实现人的全面发展，是一个长远的理想和目标，需要一个长期艰苦的奋斗过程。培育"四有"公民指明了促进人的全面发展的现实目标。在现阶段，加强文化建设就是要按照有理想、有道德、有文化、有纪律的要求来引导人、教育人、培养人，逐步使全体公民树立崇高的理想信念、高尚的道德情操、自觉的纪律观念和较高的文化素质，使创造精神得到充分发挥，精神境界得到极大提高，使人的全面发展程度提升到一个新的层次。

最后，培育"四有"公民是一个长期复杂的系统工程，也是我国文化建设面临的一项非常艰巨的任务。要坚持以理想信念教育为核心，引导人们正确认识共产主义远大理想和现阶段共同理想的关系，更加坚定对中国特色社会主义的信念，以高尚的思想道德鞭策自己，脚踏实地地为实现党在现阶段的基本纲领而不懈努力，扎扎实实地做好自己的本职工作。青少年是祖国的未来，民族的希望。要引导青少年正确认识国家的前途命运，认清自己的社会责任，确立在党的领导下走中国特色社会主义道路，为实现中华民族伟大复兴而奋斗的远大理想和坚定信念，把个人的成长进步同祖国的繁荣富强紧密地联系在一起，负担起建设祖国振兴中华的光荣使命。引导青少年珍惜时间，刻苦学习，努力掌握为祖国、为人民服务的真本领，培养良好的道德品质和文明行为，增强纪律意识和法制观念，做知法守法懂法护法的合法公民。

第三，中国特色社会主义文化是面向现代化、面向世界、面向未来，服务于人民、为广大人民群众喜闻乐见的文化。

首先，现代化是社会政治、经济、文化等方面的深刻变化过程，其中最重要的是经济方面的变化。因此，面向现代化的文化必须是为社会主义现代化建设服务的文化。在当今我国社会各个层面的现代化建设过程中，文化必须为经济现代化这个中心服务，使文化建设着眼于经济建设、服务于经济建设，成为经济建设的重要动力。

江泽民同志指出："精神文明建设必须服务于经济建设，服务于现代化建设。社会主义的根本任务是发展社会生产力。经济建设是我们一切社会事业发展的基础，在我国现代化建设中始终处于中心地位。只有牢牢把握经济建设这个中心，把精神文明建设同改革开放和现代化建设紧密结合起来，做到相互促进，才符合社会全面进步的要求，才能得到人民群众的广泛支持。"面向现代化的文化建设要求我们在文化建设过程中，为经济建设提供一个安定团结、和谐的人文环境，培育一个建立在诚实守信、互帮互助基础上的社会主义市场经济环境。面向现代化的文化还要求我们遵循人类社会发展的客观规律，顺应时代发展的要求，以现代化为坐标思考和解决文化发展中的所有问题，使先进文化服务于现代化的总体目标。

其次，先进文化还必须是面向世界的文化。自20世纪末以来，全球化浪潮逐渐席卷了地球的每一个角落，科学文化的发展日新月异，民族间经济、文化的交流出现了迅猛增长的势头，世界逐渐缩小成一个地球村。在这一浪潮的影响下，任何国家和民族都不可能在闭关锁国，在封闭的状况下独自发展，在政治、经济、文化等多个方面都必然受到来自其他国家和地区的影响。在全球化浪潮下，不仅人员、科技、资本、信息、商品可以在国际范围内流动，文化产品、文学艺术、文化价值观也可以在各国家、地区间自由流动，这就导致了各个国家和民族间思想意识形态、价值观念和行为方式等的激烈碰撞。

任何民族文化都成为世界文化中的一种，都将受到来自其他民族、国家文化的影响和冲击。中国也不例外，随着改革开放的逐步深入，我们不仅引进了资金、技术，西方的各种思想、观念、行为方式也纷纷涌入。因此，我国发展先进文化不能在闭关自守的状态下独自进行，必然要面对来自其他文化的竞争甚至是严峻的挑战。在全球化浪潮下，面向世界发展先进文化，必须有一种历史的、开放的、全球性的眼光发展文化事业，正确处理先进文化的民族性和世界性的关系，必须吸收借鉴其他民族、其他国家的优秀文化，做到"洋为中用"，并在此过程中注意保持中国先进文化的民族特色，使文化的民族性和世界性结合起来。

最后，先进文化还必须是面向未来的文化。现实的文化仅仅是川流不息的历史时空中的一个微小的点，我们既不能忽视这个点去幻想未来，也不能站在这个点上故步自封，不思进取，而必须立足于现实，面向人类社会发展的未来方向，把握世界文化发展的趋势。20世纪以来，人类社会发展的进程不断加快，任何文化如果不着眼于未来，不能及时跟上世界文化发展的潮流，就会成为落后的文化形态最终将会被历史所淘汰。因此，我们在发展先进文化时，要在遵循文化发展规律的基础上，把握世界文化发展的趋势，使文化发展方向符合未来社会的需要，适应未来人类文明的要求。只有在文化建设中发展面向未来的文化，才能应对世界文化之间的竞争，才能不断创新、勇于探索，开拓发展先进文化的新天地。

第四，社会主义文化是以社会主义核心价值体系为核心内容的文化。一个国家、一个民族在长期的实践过程中，必然形成自己的核心价值体系，这是社会得以正常运转、社会秩序得以维持的基本精神依托。

社会主义核心价值体系是社会主义制度在价值层面的本质规定，是全党全国人民团结奋斗的共同思想基础，是实现科学发展观、社会和谐的推动力量，是国家软实力的核心内容，反映了我国社会基本制度的本质要求。它渗透在经济、文化、政治、社会建设的各个方面，在所有社会主义价值目标中处于支配地位，对于每个社会成员的世界观、人生观、价值观都具有非常重要的影响，为中国特色社会主义的发展和完善提供了思想根基，是我国社会主义制度的内在精神之魂。

社会主义核心价值体系的主要内容包括马克思主义指导思想、中国特色社会主义共同理想、以爱国主义为核心的民族精神和以改革创新为核心的时代精神、社会主义荣辱观。这四个方面的内容，相互联系、相互贯通、相互促进，是一个有机统一的整体，都是社会主义意识形态最重要的组成部分，是从我们党领导人民在长期实践中形成的丰富思想文化成果中提炼和概括出来的精华，是对社会主义核心价值体系深刻内涵的科学揭示。

坚持马克思主义的指导地位，抓住了社会主义核心价值体系的灵魂；树立共同理想，突出了社会主义核心价值体系的主题；培育和弘扬民族精神与时代精神，掌握了社会主义核心价值体系的精髓；树立和践行社会主义荣辱观，打牢了社会主义核心价值体系的基础。要巩固马克思主义指导地位，坚持不懈地用马克思主义中国化最新成果武装全党、教育人民，用中国特色社会主义共同理想凝聚力量，用以爱国主义为核心的民族精神和以改革为核心的时代精神鼓舞斗志，用社会主义荣辱观引领风尚，巩固全党全国各民族人民团结奋斗的共同思想基础。

建设社会主义核心价值体系，既是丰富发展中国特色社会主义理论体系的迫切需要，也是推动文化大发展、大繁荣，提高国家文化软实力的必然要求。没有社会主义核心价值体系的引领和主导，文化大发展大繁荣就会迷失方向、失去根本。

在文化建设中，抓住了社会主义核心价值体系这个根本，才能形成全社会的共同理想，增强全社会的凝聚力；才能树立全社会的和谐理念，培育全社会的和谐精神；才能形成全社会的良好道德风尚，形成全社会的和谐人际关系；才能营造全社会的和谐舆论氛围，塑造全社会的和谐心态。

坚持马克思主义指导思想：马克思主义指导思想作为社会主义核心价值体系的灵魂，解决的是举什么旗帜的问题，决定了社会主义核心价值体系的性质和方向，是社会主义核心价值体系的理论基础，处于领导地位。树立中国特色社会主义共同理想、弘扬培育民族精神和时代精神、树立社会主义荣辱观都必须坚持马克思主义的指导。

在21世纪的今天，为什么还要坚持产生于100多年前的马克思主义呢？还有没有必要坚持呢，答案必然是肯定的。一种理论要不要坚持，不在于产生的时间长短，而是决定于它正确与否。我们把马克思主义作为党的根本指导思想，从根本上来讲，是由马克思主义鲜明的阶级立场、严密的科学体系和巨大的实践指导作用所决定的。

马克思深刻揭示了人类社会发展的规律，为人类社会的发展指明了方向。马克思主义来源于工人生产劳动的实践，是指导工人阶级实现自身解放的强大思想武器。历史上没有一个理论像马克思主义那样能够与工人阶级和劳动人民的命运紧密的联系起来，也只有马克思主义能够真正反映工人阶级与劳动人民的根本利益。

马克思主义虽然诞生于19世纪，但是它并不是一成不变的，作为一个开放的理论体系，100多年来它始终与时代同行，不断吸收借鉴和融合各种优秀的思想文化成果，在继承中前进，在创新中发展。中国共产党把马克思主义基本原理同中国实践相结合，形成了马克思主义中国化的一系列理论成果，即毛泽东思想、邓小平理论、"三个代表"重要思想、科学发展观，马克思主义在中国大地上焕发出勃勃生机，充分证明了马克思主义的强大生命力。

历史和现实告诉我们，只有坚持马克思主义的观点、立场和方法来正确认识经济社会发展的趋势，正确认识社会思想意识中的主流和支流，才能在错综复杂的情势下看清本质，明确方向。我们坚持马克思主义，是坚持发展着的马克思主义，要用中国特色社会主义理论体系来武装头脑，指导实践，在坚持中发展，在发展中坚持，自觉做到"两个坚定不移、绝不含糊"：坚持马克思主义的立场、观点、方法，坚持马克思主义的基本原理，这一点要坚定不移，不能含糊；贯彻实事求是的思想路线，坚持勇于追求真理和探索真理的革命精神，这一点也要坚定不移，绝不含糊。

树立中国特色社会主义的共同理想：中国特色社会主义共同理想作为社会主义核心价值体系的主题，解决的是走什么路，实现什么样目标的问题，坚持马克思主义指导思想、弘扬培育民族精神和时代精神、树立社会主义荣辱观，都是为了引导和激励全体人民努力实现中国特色社会主义的共同理想。

理想，是人们对美好未来的向往和追求，是一个国家和民族前进的精神动力，也是中华民族和社会主义社会的灵魂所在。一个国家，一个民族，如果没有共同的理想和信念，就等于没有精神支柱，就会失去凝聚力。中国共产党在领导人民建设社会主义的过程中，经过艰辛探索，找到了中国特色社会主义的正确道路和共同理想，即在中国共产党领导下，走中国特色社会主义道路，实现中华民族的伟大复兴。

中国特色社会主义共同理想，是中华民族摆脱贫穷落后，走向经济繁荣、政治民主、文化先进、社会和谐，实现中华民族的伟大复兴的重要精神支柱。历史也很好地证明了，坚持中国共产党的领导，走中国特色社会主义道路，是人民的选择，是时代的选择，只要坚持走这条道路，就能实现中华民族的伟大复兴。特别是改革开放三十多年以来，我国社会主义制度不断地自我完善和发展，综合国力大大增强，人民生活水平总体上实现了从温饱到小康的历史性跨越，都极大地坚定了全国各族人民对实现共产主义这个共同理想的信念，激励着我们为了中国特色社会主义的光明前途和中华民族的伟大复兴而继续团结奋斗。

中国特色社会主义共同理想符合我国社会主义初级阶段生产力和生产关系、经济基础和上层建筑发展的客观要求，它能够把国家的发展、民族的复兴与个人的幸福，同各个阶层、各个群体的共同愿望紧密地有机结合起来，体现了我国工人、农民、知识分子和其他劳动者、社会主义建设者及爱国者的共同意愿和利益。只有形成共同的理想，才能更好地促进政党关系、宗教关系、民族关系、海内外同胞关系的和谐和发展，才能巩固全国各族人民的大团结，巩固海内外中华儿女的大团结，在社会和谐中推进中国特色社会主义事业。

建设中国特色社会主义是全社会的共同理想，反映了全体中国人民的根本利益和共同愿望，揭示了民族振兴、国家富强、人民幸福、社会和谐的必由之路，应当成为当代中国发展进步的伟大旗帜，成为全体人民团结奋进的崇高追求。中国特色社会主义的共同理想对于人民群众具有极大的吸引力和感召力。在当代中国，只有走中国特色社会主义道路，才能实现国家的富强和人民的幸福，也才能把各党派、各团体、各阶层、各民族团结和凝聚起来。只有坚定建设中国特色社会主义的共同理想信念，才能转化为巨大的精神动力。

弘扬民族精神和时代精神：以爱国主义为核心的民族精神和以改革为核心的时代精神作为社会主义核心价值体系的精髓，解决的是应当具备什么样的精神状态和精神风貌的问题。它是坚持马克思主义指导思想、树立中国特色社会主义共同理想、树立社会主义荣辱观的精神条件。

民族精神和时代精神是一个民族生命力、凝聚力和创造力的不竭源泉。民族精神是中华民族生生不息、薪火相传的精神血脉，是维护国家团结统一、鼓舞各族人民奋发进取的精神支撑。一个民族，如果没有振奋的精神和高尚的品格，就不可能自立于世界民族之林。江泽民同志深刻地指出："有没有高昂的民族精神，是衡量一个国家综合国力强弱的一个重要尺度。"胡锦涛同志也指出："民族精神是我们民族的生命力、凝聚力和创造力的不竭源泉。"在五千多年的发展中，中华民族形成了以爱国主义为核心的团结统一、爱好和平、勤劳勇敢、自强不息的伟大民族精神，始终鼓舞着各族人民勇于拼搏、奋发图强。爱国主义是民族精神的核心，它渗透在中华民族精神的各个领域。

在改革开放新时期，中华民族又形成了与时俱进、开拓进取、求真务实、敢于创新的时代精神。时代精神是新的历史条件下民族精神的时代性体现和现实升华，是被全体社会成员普遍认同和接受的思想观念、价值取向和行为方式。这种时代精神同以爱国主义为核心的民族精神在本质上是相互交融的，已经深深融入我们的民族意识、民族品格、民族气质之中，成为全国各族人民团结一心、共同奋斗的价值取向，成为构建社会主义和谐社会、推进中华民族复兴的精神力量。不断激励人们推动社会发展、时代前进。在改革开放和社会主义现代化建设的征途中，我们始终不渝地坚持了"实践永无止境，创新永无止境"的信念，中国共产党带领全国各族人民在复杂多变的国际环境和经济条件比较落后的国内环境下，坚持解放思想、实事求是、与时俱进、勇于创新、勇于变革、永不僵化、永不停滞，才使得中国特色社会主义道路越走越宽广。

民族精神与时代精神相辅相成，有时候二者融为一体。在中国社会主义革命和社会主义建设实践中，形成了井冈山精神、延安精神、南泥湾精神、大庆精神等，社会主义核心价值体系对这些在建国以来特别是改革开放以来形成的社会主义的民族精神与时代精神进行了精辟的概括。

孔繁森精神、"两弹一星"精神、载人航天精神，特别是在"雅安地震"中所表现出来的众志成城、万众一心团结的民族精神，以改革创新为核心的时代精神成为社会主义核心价值体系的最强音。实践证明，在改革开放的伟大实践中，我们坚持了自强不息的民族精神和改革创新的时代精神，我们就取得了举世瞩目的发展成就，在全面建设小康社会、加快推进社会主义现代化的进程中，民族精神和时代精神对于中华民族的凝聚、激励作用越来越突出，已深深熔铸在民族的生命力、创造力、民族意识、民族品格和民族气质之中，成为中国人民在未来的岁月中薪火相传、继往开来的强大精神动力。弘扬民族精神和时代精神，共同构筑中华民族自立自强的精神品格，是时代发展的迫切要求，同样也是建设社会主义核心价值体系的本质所在。

树立社会主义荣辱观：社会主义荣辱观作为社会主义核心价值体系的基础，解决的是人们行为规范的问题。它以基本行为规范的方式涵盖了社会主义核心价值体系其他三个方面的内容并使之具体化，从而让社会主义核心价值体系落到了实处、有了依托，人们践行有了遵循的规则。

荣辱观，是人们对于荣誉和耻辱两个范畴进行评价的根本看法和理解，是世界观、人生观、价值观的重要内容。只有明辨荣辱范畴，掌握褒贬尺度，人们才能形成正确的价值判断和行为准则。社会主义荣辱观就是号召广大人民群众在社会主义思想指导下，分清什么是光荣，什么是耻辱。

胡锦涛指出，要教育广大干部群众特别是青少年树立社会主义荣辱观，坚持以热爱祖国为荣、以危害祖国为耻，以服务人民为荣、以背离人民为耻，以崇尚科学为荣、以愚昧无知为耻，以辛勤劳动为荣、以好逸恶劳为耻，以团结互助为荣、以损人利己为耻，以诚实守信为荣、以见利忘义为耻，以遵纪守法为荣、以违法乱纪为耻，以艰苦奋斗为荣、以骄奢淫逸为耻。社会主义荣辱观是马克思主义世界观、人生观、价值观基本原则的具体化，丰富和发展了社会主义道德规范，反映了发展社会主义市场经济的客观要求，弘扬了中华民族传统道德的精华，确立了人们的行为价值尺度。

社会主义荣辱观是对社会主义思想道德体系全面系统的表达。它不仅继承了中华民族的优良传统美德，而且也发扬了我们党的优秀革命道德传统，概括了社会主义思想道德建设的新鲜经验，集中体现了改革开放以来形成的时代精神和时代风尚。"八荣八耻"涵盖了个人集体和国家之间的关系，涉及人生态度、社会风尚等方方面面，体现了爱国主义、集体主义、社会主义思想，体现了依法治国同以德治国的结合，标志着我们党对社会主义思想建设规律认识的深化，对新形势下加强社会主义思想道德建设将产生积极深远的影响。

最后，中国特色社会主义文化是继承和发扬中华民族一切优秀文化传统、具有中国风格和中国气派的文化。中国特色社会主义文化是中国民族特色和社会主义相结合的结晶，继承和发扬中华民族一切优秀文化传统是中国特色社会主义文化的固有内涵。中国特色社会主义文化深深植根于中华民族的肥沃土壤，又深刻反映着中国今天的发展和进步。江泽民指出："中华民族的优秀文化传统，党和人民从五四以来形成的革命文化传统，人类社会创造的一切先进文明成果，我们都要积极继承和发扬。我国几千年历史留下了丰富的文化遗产，我们应该取其精华、去其糟粕，结合时代精神加以继承和做到古为今用。"党的十七大报告中专门指出："中华文化是中华民族生生不息、团结奋进的不竭动力。要全面认识祖国传统文化，取其精华，去取糟粕，使之与当代社会相适应、与现代文明相协调，保持民族性，体现时代性。加强中华优秀文化传统教育，运用现代科技手段开发利用民族文化丰厚资源。加强对各民族文化的挖掘和保护，重视文物和非物质文化遗产保护，做好文化典籍整理工作。"

三、中国特色社会主义文化的战略地位

第一，中国特色社会主义文化是现代化建设的重要内容。社会主义是经济、政治、文化和社会建设全面发展的社

会，物质贫穷不是社会主义，没有民主就没有社会主义，愚昧无知、失去理想、精神贫乏也不是社会主义。社会主义先进文化、社会主义精神文明在观念形成上反映着社会主义物质文明和政治文明的基本特征，同时又是对物质文明和政治文明起着巨大的促进作用。只有经济、政治、文化和社会建设都搞好，使它们相互促进、协调发展，中国特色社会主义事业才能顺利推进，社会主义现代化建设的目标才能实现。

新中国成立以后、特别是中共十一届三中全会以来，我们党的几代中央领导集体在以经济建设为中心的同时，就十分注重文化的发展和繁荣，其突出表现就是加强社会主义精神文明建设。早在1979年10月，邓小平就指出，我们在建设高度物质文明的同时，要提高全民族的科学文化水平，发展高尚的丰富多彩的文化生活，建设高度的社会主义精神文明，并进而提出物质文明和精神文明都搞好，才是中国特色的社会主义。

党的十二大报告指出，建立社会主义精神文明是现代化建设的一个重要战略方针，强调是否坚持这样的方针，直接关系到社会主义建设的兴衰和成败，并进一步提出社会主义精神文明是社会主义社会的重要特征的论断。

中共十二届六中全会通过的《中共中央关于社会主义精神

文明建设指导方针的决议》指出，以经济建设为中心，坚定不移地进行经济体制改革，坚定不移地进行政治体制改革，坚定不移地加强精神文明建设，并且使这几个方面相互配合和相互促进，是我国现代化建设的总体布局，从而明确了精神文明建设在这一战略布局中的作用。

中共十四届六中全会通过的《中共中央关于加强社会主义精神文明建设若干重要问题的决议》进一步指出，社会主义精神文明是社会主义现代化建设的重要目标和重要保证，关系到我国跨世纪宏伟蓝图的全面实现，关系到我国社会主义建设事业的兴旺发达，并进而强调在把物质文明搞得更好的同时，切实把精神文明建设提高到更加突出的地位。

党的十六大以来，共产党人在全面建设小康社会的过程中，为推动社会主义文化大发展和大繁荣做出了新的贡献。这就是努力建设社会主义核心价值体系、增强社会主义意识形态的吸引力和凝聚力，建设和谐文化、培育文明风尚，弘扬中华文化、建设中华民族共有的精神家园。

第二，中国特色社会主义文化是凝聚和激励全国各族人民的重要力量，是综合国力的重要标志。文化作为一种精神力量，有塑造和教化的功能，能够陶冶人、塑造人、培育人，提高人的素质；有中国特色社会主义的文化，是凝聚和激励全国各族人民的重要力量，是综合国力的重要标志。文化是民族的灵魂，深深熔铸在民族的生命力、创造力和凝聚力之中。人类社会发展的历史证明，一个国家、一个民族，如果没有自己的文化和精神支柱，就等于没有灵魂，就会失去凝聚力和生命力。是否有丰富的文化繁荣和民族精神，已经成为衡量一个国家综合国力强弱的一个重要尺度。综合国力的主要物质基础是经济实力和技术实力，但也离不开民族文化、民族精神和民族凝聚力。

随着世界多极化、经济全球化的深入发展和科学技术的迅速发展，文化与经济、政治相互交融的程度不断加深，与科学技术的结合更加紧密，经济的文化含量日益提高，文化的经济功能越来越强，文化已经成为国家核心竞争力的重要因素。面对这样的形势，总体上处于弱势地位的包括中国在内的广大发展中国家，不仅在经济发展上面临严峻挑战，在文化发展上也面临严峻挑战。

保持和发展本民族文化的优良传统，努力建设先进文化，大力弘扬民族精神，积极吸取世界其他民族的优秀文化成果，实现文化的与时俱进，使它在全国人民乃至世界人民中具有强大的吸引力和感召力，与努力建设物质文明和政治文明一样，都是我们实现社会主义现代化建设的重大战略任务。只有努力建设面向现代化、面向世界和面向未来的、民族的科学的大众的社会主义文化，才能不断满足人民日益增长的精神文化需要促进人民思想道德素质和科学文化素质的提高，也才能为先进生产力的发展指引正确的方向，从而促进综合国力的提高。

第三，中国特色社会主义文化为现代化建设提供智力支持、精神动力和思想保证。人类社会发展的历史证明，一个民族，物质上不能贫困，精神上也不能贫困，只有物质和精神都富有，才能成为一个有强大生命力和凝聚力的民族。建设中国特色社会主义文化，发展社会主义先进文化，能够提高劳动者的科学文化素质，为现代化建设提供强大的科学支撑和智力支持，能够提高人们的思想道德素质，使人们在共同利益的基础上，形成共同理想和道德准则，为改革和建设提供精神动力，能够引导人们认同和接受社会主义基本经济制度和政治制度，以全面的、辩证的、发展的眼光看待发展中的社会主义，树立正确的世界观、人生观和价值观，坚定对社会主义的信念，增强民族自尊心、自信心、自豪感，从而为改革开放和现代化建设提供强有力的思想保证。

我们过去之所以能在非常困难的情况下奋斗出来，战胜千难万险使革命取得胜利，之后成功地进行改革开放的伟大实践，并进而取得社会主义现代化建设的新胜利，就是因为我们树立了共同的理想，树立马克思主义信念和共产主义信仰。此外，在现代科学技术发展日新月异的条件下，劳动者只有具备较高的科学文化水平，先进的生产技能和丰富的管理经验，才能在现代化的生产中发挥出更大的作用。

很难想象，在一个没有现代科学技术发展，没有发达的教育和先进管理，没有大批高素质人才脱颖而出的国家里，能够顺利地实现社会主义现代化。更为重要的是，中国特色社会主义文化建设，以马列主义、毛泽东思想和中国特色社会主义理论体系为指导，从而能够有效地抵制封建主义和资本主义腐朽思想的侵蚀和泛滥，在思想上保证了社会主义现代化建设沿着正确的方向发展。

正如邓小平指出的，经济建设这方面我们搞得相当有成绩，并且形势喜人，这是我们国家的成功，但是如果我们不加强思想道德建设，导致社会风气坏下去，即使经济再成功也没有什么实际意义，反而会在另一方面变质，从而影响整个经济变质，发展下去会形成贪污腐败和贿赂横行的世界。

四、中国特色社会主义文化建设的基本方针

我们党在领导文化建设的长期实践中，积累了宝贵的经验，不断深化对文化发展规律的认识，形成了指导文化建设的一系列重要方针和原则。

第一，坚持以马克思主义为指导，为人民服务、为社会主义服务。坚持以什么为指导、为什么人的问题是文化建设的根本问题，不仅决定着文化建设的目标和方向，也决定着文化的性质。

建设中国特色社会主义文化，必须坚持以邓小平理论和"三个代表"重要思想为指导，深入贯彻落实科学发展观，把社会主义核心价值体系建设作为主线，坚持社会主义先进文化的前进方向；坚持为人民服务、为社会主义服务，把满足人民群众的精神文化需求作为文化建设的出发点和落脚点，不断促进人们思想道德素质和科学文化素质的提高，努力实现最广大人民的文化利益，为全面建设小康社会提供强大的精神动力，创造良好的文化氛围。

我们都知道，《同一首歌》是中央电视台名牌栏目，于2000年设立以来，就受到广大人民群众的喜爱，对人们的社会

生活产生了积极、广泛而深刻的影响。中央电视台《同一首歌》的火爆正是因为坚持了为人民服务、为社会主义服务的"两为"方向，既弘扬主旋律，又以鲜活的实际、火热的生活和人民群众的生动实践为文化发展与创新的丰富土壤和不竭源泉。《同一首歌》的成功实践表明，文化建设只有深入丰富多彩的现实生活，才能深深持久扎根于亿万人民群众中去；只有回答和解决人民群众的实际问题并反映生活本质，才能满足群众的文化需求；只有不断创新文化内容、形式和手段，才能增强中国特色社会主义文化的吸引力和感召力。

第二，坚持百花齐放、百家争鸣的方针。"双百"方针深刻总结了文化建设的经验，反映了文化发展的内在规律。要在宪法规定的范围内，努力营造生动活泼、求真务实的良好氛围，充分发扬学术民主和艺术民主，在学术问题上提倡不同观点和学派的自由讨论，在艺术上提倡不同艺术风格和流派的争鸣和切磋，提倡健康说理的批评和反批评。尊重文化发展规律，尊重文化工作者的创造性劳动，弘扬主旋律，提倡多样化，充分调动广大文化工作者的积极性和创造性，促进学术研究和艺术创作的繁荣发展。

注意区分学术问题、思想认识问题、政治问题的界限。对政治问题，要旗帜鲜明，立场坚定。对学术问题，要提倡学术民主，平等讨论，相互切磋。对思想认识问题，要加强有针对性的引导，努力析事明理，解释疑惑。

第三，坚持贴近实际、贴近生活、贴近群众，不断推进文化创新。文化是实际的写照，文化是生活的反思，文化是实践的提炼。鲜活的生活实际、火热的生活和人民群众的生动实践，是文化发展与创新的丰富土壤和不竭源泉。只有坚持贴近实际、贴近生活、贴近群众，文化建设才能回答和解决现实的问题、反映生活本质、满足群众的文化需求。要立足社会主义初级阶段的实践，深入改革开放和现代化建设的实际，在时代的高起点，不断推动文化观念、内容、形式、体制机制和传播手段的创新，增强文化发展活力。要尊重人民群众的主体地位和首创精神，准确把握群众精神文化需求发展变化的特点，积极探索新形势下服务群众的有效途径和办法，多给人民群众提供优秀精神文化产品，做到文化发展成果由人民共享。

第四，坚持立足当代又继承民族优秀文化传统，立足本国又充分吸收世界优秀文化成果。做到"古为今用，洋为中用"。文化承接着过去又昭示着未来，既是民族的，又是世界的。中国民族在五千年的发展过程中，创造了灿烂的民族文化，给后人留下了宝贵的精神财富，这些优秀文化遗产深深熔铸在以爱国主义为核心的团结统一、爱好和平、勤劳勇敢、自强不息的民族精神之中，是维系中华民族的精神纽带，因此要结合时代特点对中华民族传统文化加以继承和发扬，使之与当代社会相适应、与现代文明相协调，保持民族性，体现时代性，做到古为今用，推陈出新；同时在中国特色社会主义文化建设上，要从中国实际出发，对人类文明优秀成果加以借鉴，做到洋为中用，博采众长。加强对外文化交流，增强中华文化的国际影响力。当然，无论是对待传统文化还是外来文化，我们都要取其精华，去其糟粕。

第五，坚持一手抓繁荣，一手抓管理。繁荣是文化建设的永恒主题，是目的；管理是文化繁荣发展的有利保障，两者紧密联系，相互促进。要坚持重在建设，把文化建设作为一个持续推进的过程，通过长期坚持不懈的努力，推动中国特色社会主义文化发展大繁荣，兴起社会主义文化建设新高潮。要坚持科学管理、依法管理，综合运用法律、行政、经济、行业自律等手段，推进文化领域管理工作的法制化、规范化、制度化建设。要树立新的文化发展观，积极推进文化体制改革，转变文化发展方式，解放和发展文化生产力，提高国家文化软实力，不断增强我国文化的国际竞争力。始终坚持把社会效益放在首位，努力实现经济效益和社会效益的统一。

第二节　以社会主义核心价值体系
为灵魂的文化建设

一、文化发展大繁荣政策的提出

胡锦涛同志在十七大报告中提出，推动社会主义文化大发展大繁荣。胡锦涛说，当今时代，文化越来越成为民族凝聚力和创造力的重要源泉、越来越成为综合国力竞争的重要因素，丰富精神文化生活越来越成为我国人民的热切愿望。要坚持社会主义先进文化前进方向，兴起社会主义文化建设新高潮，激发全民族文化创造活力，提高国家文化软实力，使人民基本文化权益得到更好保障，使社会文化生活更加丰富多彩，使人民精神风貌更加昂扬向上。

（一）建设社会主义核心价值体系，增强社会主义意识形态的吸引力和凝聚力

社会主义核心价值体系是社会主义意识形态的本质体

现。要巩固马克思主义的指导地位，坚持不懈地用马克思主义中国化最新成果武装全党、教育人民，用中国特色社会主义共同理想凝聚力量，用以爱国主义为核心的民族精神和以改革创新为核心的时代精神鼓舞斗志，用社会主义荣辱观引领风尚。大力推进理论创新，不断赋予当代中国马克思主义鲜明的实践特色、民族特色、时代特色。开展中国特色社会主义理论体系宣传普及活动，推动当代中国马克思主义大众化。繁荣发展哲学社会科学，推进学科体系、学术观点、科研方法创新，鼓励哲学社会科学界为党和人民事业发挥思想库作用，推动我国哲学社会科学优秀成果和优秀人才走向世界。

（二）建设和谐文化，培育文明风尚

要积极发展新闻出版、广播影视、文学艺术事业，坚持正确导向，弘扬社会正气。重视城乡、区域文化协调发展，着力丰富农村、偏远地区、进城务工人员的精神文化生活。大力弘扬爱国主义、集体主义、社会主义思想，以增强诚信意识为重点，加强社会公德、职业道德、家庭美德、个人品德建设。动员社会各方面共同做好青少年思想道德教育工作，为青少年健康成长创造良好社会环境。深入开展群众性精神文明创建活动，完善社会志愿服务体系，形成男女平等、尊老爱幼、互爱互助、见义勇为的社会风尚。

（三）弘扬中华文化，建设中华民族共有精神家园

中华文化是中华民族生生不息、团结奋进的不竭动力。要全面认识祖国传统文化，取其精华，去其糟粕，使之与当代社会相适应、与现代文明相协调，保持民族性，体现时代性。加强对各民族文化的挖掘和保护，重视文物和非物质文化遗产保护，做好文化典籍整理工作。加强对外文化交流，吸收各国优秀文明成果，增强中华文化国际影响力。

（四）推进文化创新，增强文化发展活力

在时代的高起点上推动文化内容形式、体制机制、传播手段创新，解放和发展文化生产力，是繁荣文化的必由之路。要坚持为人民服务、为社会主义服务的方向和百花齐放、百家争鸣的方针，创作更多反映人民主体地位和现实生活、群众喜闻乐见的优秀精神文化产品。深化文化体制改革，完善扶持公益性文化事业、发展文化产业、鼓励文化创新的政策，营造有利于出精品、出人才、出效益的环境。大力发展文化产业，繁荣文化市场，增强国际竞争力。运用高新技术创新文化生产方式，培育新的文化业态，加快构建传输快捷、覆盖广泛的文化传播体系。设立国家荣誉制度，表

彰有杰出贡献的文化工作者。

中华民族伟大复兴必然伴随着中华文化繁荣兴盛。要充分发挥人民在文化建设中的主体作用,调动广大文化工作者的积极性,更加自觉、更加主动地推动文化大发展大繁荣,在中国特色社会主义的伟大实践中进行文化创造,让人民共享文化发展成果。

二、社会主义核心价值观

党的十六届六中全会通过的《中共中央关于构建社会主义和谐社会若干重大问题的决定》深刻揭示了社会主义核心价值体系的内涵,明确提出了社会主义核心价值体系的内容。社会主义核心价值观是社会主义核心价值体系内核的最高抽象。2012年11月8日中共十八大报告,明确提出"三个倡导",即"倡导富强、民主、文明、和谐,倡导自由、平等、公正、法治,倡导爱国、敬业、诚信、友善,积极培育社会主义核心价值观",这是对社会主义核心价值观的最新概括。

(一)社会主义核心价值观的科学内涵

社会主义核心价值观是民族精神最深层的思想内核,直接反映社会价值的本质和特性,全面涵盖人民群众普遍认同的价值观念。

第一个倡导，指明了国家精神文化的发展方向。富强、民主、文明、和谐是我国在社会主义初级阶段的奋斗目标，体现了社会主义核心价值观在发展目标上的规定，是基于国家层面提出的要求。倡导富强、民主、文明、和谐，昭示中国特色社会主义伟大事业的美好前景，始终是一个鼓舞人心、振奋精神的价值理想，是一个能够凝聚亿万人民群众智慧和力量的宏伟目标。

价值观是人们心中深层的信念系统，核心价值观能否与时俱进，直接影响到一个国家的凝聚力和影响力。十八大报告指出："到2020年，我们国家要实现国内生产总值和城乡居民人均收入比2010年翻一番，全面建成小康社会。"世界瞩目的这一宏伟目标，将中国人的家国情怀，汇聚一起，升腾开来。社会主义核心价值观的第一个倡导，"富强、民主、文明、和谐"，必然是这个国家的共同追求。

"富强、民主、文明、和谐"，作为一种社会共同理想，支撑着人们的精神世界，指明和引领现实社会向着这个方向前进。如果一个国家追求"富强、民主、文明、和谐"的价值观念，必将影响并引导全国人民的思想和行为习惯，这是中国特色社会主义思想文化、精神文化和物质文化形成的坚实基础。

第二个倡导，体现了社会风尚风貌的时代要求。自由、平等、公正、法治体现了社会主义核心价值观在价值导向上的规定，是立足社会层面提出的要求，反映了社会主义社会的基本属性，始终是我们党和国家奉行的核心价值理念。倡导自由、平等、公正、法治，是对人民首创精神的尊重，是对人民权益的保障，更是对人民平等发展权利的维护，顺应了人民群众的需求。

在社会层面，追求"自由、平等、公正、法治"，是现代文明的基本价值取向，是现代社会公民应当树立的基本理想信念，是维持社会秩序、调整社会关系、建立和谐社会的一种非常重要的道德力量。在全社会倡导"自由、平等、公正、法治"的价值理念，成为全民族的思想认同和价值认同，并形成主流价值体系，就会改变人们观察世界的观念、思维和方法，改变人们评价事物的基本标准，就会从根本上消除特权、等级等腐朽落后的封建观念。在这种正确价值观的引领下，整个社会追求"自由、平等、公正、法治"，对构建科学合理的制度、体制和法律体系，必将发挥重要的指导作用。

第三个倡导，体现了人民道德规范的基本共识。爱国、敬业、诚信、友善体现了社会主义核心价值观在道德准则上的规定，是基于公民个人层面提出的要求，体现了社会主义价值追求和公民道德行为的本质属性。倡导爱国、敬业、诚信、友善，是对个人价值和个人道德的普遍要求，与从古至今每个人都在追求的仁爱忠信一脉相承。

在公民层面，倡导"爱国、敬业、诚信、友善"，是对全体公民行为规范的基本要求，能够帮助人们正确认识并且自觉遵守社会的法律规范和道德规范，形成爱国守法、敬业奉献、明礼诚信、团结友善的良好社会人文风尚。

在实现全面建成小康社会的过程中，必须依靠社会主义核心价值观来凝聚人心，形成共识，这对于调节社会关系，化解社会矛盾，能够起到潜移默化、润物无声的作用。从目前情况看，中国的政务诚信、商务诚信、社会诚信和司法公信等方面，都不同程度出现了一些问题，严重影响了社会诚信体系建设，从而增加了社会活动的交易成本。

面对思想多元、多样、多变的时代特征，推动社会主义核心价值观，必须以开放开明的心态和气度，以博大的胸襟，借鉴古今中外优秀文化成果，倡导"爱国、敬业、诚信、友善"，加强全社会的诚信体系建设，营造遵纪守法的社会风气。可以说，"三个倡导"顺应世情民意，最大限度地代表了社会共同理想和追求。

（二）社会主义核心价值观的主要特征

首先，社会主义核心价值观充分体现了社会主义的本质属性，符合马克思主义价值观的基本精神和特质。社会主义核心价值观作为社会主义社会的价值观，作为社会主义意识形态的重要组成部分，充分反映了社会主义基本的、长期稳定的社会关系及主要价值追求。同时，社会主义核心价值观作为马克思主义价值观在中国特色社会主义历史条件下的具体运用和发展，充分体现了马克思主义价值观的基本精神和特质。

马克思、恩格斯等经典作家在其思想和理论体系中虽然未对社会主义核心价值观作出直接、系统的阐述，但却从许多方面，间接阐述了消灭剥削、实现社会公正、共同富裕和人的全面发展等社会主义价值观内容。

其次，社会主义核心价值观充分体现了历史传承与时代发展的高度统一。社会主义核心价值观根源于中华传统文化的丰土沃壤和厚重根基，具有较强的中国特色、中国气派、中国根脉，是对中华民族几千年发展中形成的"礼、义、仁、智、信"、"和为贵"、"和而不同"、爱国主义等优秀传统价值理念和道德规范的概括和提升。同时，社会主义核心价值观又是与时俱进的科学理论，它吸收了世界各国人民创造的优秀文化成果，大胆借鉴了外国价值理念的合理成分，是具有鲜明包容性的开放体系。社会主义核心价值观还是人民群众伟大实践的理论概括，是中国共产党率领中国各族人民在建设中国特色社会主义实践中所做出的符合社会发展规律和时代要求的主体价值选择，是建设中国特色社会主义伟大实践在价值观念形态上的反映，符合时代的要求、社会的要求、人民的要求。

最后，社会主义核心价值观是以人民为主体的人民价值观。社会主义核心价值观充分体现了马克思主义关于社会主义社会发展的最终目的，是人的全面自由发展的价值取向和价值理念。在《共产党宣言》、《资本论》等著作中，马克思、恩格斯多次强调：共产主义社会是"以每个人的全面而自由的发展为基本原则的社会形式"，是"在保证社会劳动生产力极高度发展的同时又保证每个生产者个人最全面的发展的这样一种经济形态"。

人的全面自由的发展是社会主义区别于其他社会形态的本质规定，是人以一种全面的方式对自己本质的真正占有，是人的彻底解放，因而，人的全面自由发展是社会主义国家凝聚民心民力的主要精神力量和精神纽带，是社会主义核心价值观的灵魂和最高层面。在新的历史时期，党和国家把人的全面自由发展作为本质内容和发展指向，纳入了以人为本这一理念之中。

《中共中央关于构建社会主义和谐社会若干重大问题的决定》在科学阐释以人为本丰富内涵时明确指出：要"始终把最广大人民的根本利益作为党和国家一切工作的出发点和落脚点，实现好、维护好、发展好最广大人民的根本利益，不断满足人民日益增长的物质文化需要，做到发展为了人民、发展依靠人民、发展成果由人民共享，促进人的全面发展"。因而，社会主义核心价值观是马克思主义最高价值观"人的全面自由发展"在新时代的集中表达，以人为本不仅是科学发展观的核心，而且是社会主义核心价值观的核心。

（三）社会主义核心价值观的提出具有重大的意义

首先，社会主义核心价值观的提出是我们党重大的理论创新，是对马克思主义价值学说的丰富和发展。从历史上看，封建主义社会和资本主义社会都总结出了适应自身制度形成和发展需要的核心价值观，成为维系社会运转的精神支撑。科学社会主义思想产生至今已有一百六十多年的历史，社会主义作为更高的社会形态，在社会运动进程中需要也应当形成自身的核心价值观。

我国社会主义制度的确立和中国特色社会主义的实践，为深化社会主义在价值层面的认识提供了根本前提，作出了有说服力的回答。党的十六届六中全会在我们党的历史上第一次提出建设社会主义核心价值体系的战略任务，标志着我们党对中国特色社会主义的认识已从制度层面深入到价值观层面。党的十八大在我们党的历史上，首次用二十四个字明确表达了社会主义核心价值观的内容，从而把我们党关于社会主义价值理论的认识向前推进了一大步，丰富和发展了马克思主义的价值理论。

其次，社会主义核心价值观的提出将极大地推动社会主义核心价值体系建设。

核心价值观是指能够体现社会主体成员的根本利益、反映社会主体成员的价值诉求，对社会变革与进步起维系和推动作用的思想观念、道德标准和价值取向。核心价值观是一定社会的性质、本质和发展趋向的集中体现。核心价值观的属性有三个：普遍性——核心价值观是一个国家和民族价值体系中最本质、最具决定作用的部分，它支撑和影响着所有价值判断，因而应当是对整个人类发展历史和未来走向的总概括；民族性——核心价值观必须建立于民族优秀文化传统之上；崇高性——崇高性是指核心价值观反映社会和人类的长远利益和未来发展方向。

核心价值观在意识形态和思想道德等层面的延伸与展开，即形成社会核心价值体系。从这个意义上说，核心价值观是根本，具有内在的规定性；核心价值体系则是表现，从属于一定的核心价值观，具有外在的表象性。确立和规范社会核心价值体系，内在地要求进一步凝练和建构社会核心价值观。

社会主义核心价值体系的内容丰富厚重，其科学性、指导性为社会各界所认可，但却一直面临着大众化、通俗化的问题，即需要解决增强自身说服力、感召力，进一步融入社会生活、走进人们心灵的问题。为了解决这个问题，使社会主义核心价值体系真正为全国各族人民所认同、接受、践行和传承，从2010年以来，党和国家就组织社会各界特别是社科理论界开展了关于社会主义核心价值观的大讨论，加强对社会主义核心价值观的研究、凝练和概括。党的十八大在广泛吸取各方面专家学者的意见基础之上，高瞻远瞩地提出了二十四字社会主义核心价值观。二十四字社会主义核心价值观科学准确、通俗简明，易懂易记，贴近民情，顺乎民意，一定会为人民所认同、所传承、所践行，从而成为社会主义核心价值体系建设的突破点和着力点，极大地推动了社会主义核心价值体系建设。

再次，社会主义核心价值观的提出将在中国特色社会主义现代化建设实践中发挥强大的感召力、凝聚力和引导力。社会主义核心价值观反映了社会主义社会广大人民群众的普遍价值需求和价值理想，能够凝聚人心，对社会发展产生巨大的价值导向作用，正是基于对社会主义核心价值观导向功能的深刻认识，党的十八大再次强调："社会主义核心价值体系是兴国之魂，决定着中国特色社会主义发展方向。要深入开展社会主义核心价值体系学习教育，用社会主义核心价值体系引领社会思潮、凝聚社会共识。"

目前，世情、国情、党情继续发生深刻变化，国内经济体制正在进行深刻变革，社会结构深刻变动，利益格局深刻调整，思想观念深刻变化，人们思想活动呈现多元化，差异性明显增强，引导全社会树立和践行社会主义核心价值观，是加强全社会思想道德建设、增强中国特色社会主义理论吸引力和凝聚力的重要方法，能够发挥社会主义意识形态的引领作用，取得凝聚人心、人气、人力的巨大成效，构筑起中华民族积极向上和推动社会主义事业发展进步的巨大精神纽带和精神支撑。

最后，社会主义核心价值观的提出是应对西方价值观冲击和挑战的客观需要。当今世界，随着全球化的发展，各种思想文化交流、交融、交锋日益频繁，我们同资本主义的较量，从本质上讲是社会主义价值体系同资本主义价值体系的较量。确立社会主义核心价值观，形成全体人民的共同价值追求，有利于提升我国文化软实力和国际竞争力，推动中华文化更好地走向世界，有利于抵御西方资产阶级腐朽思想文化的渗透，切实维护我国文化安全。

（四）培育社会主义核心价值观

党的十八大不仅指明了"社会主义核心价值观"的内涵，而且提出要"深入开展社会主义核心价值体系学习教育，用社会主义核心价值体系引领社会思潮、凝聚社会共识"。这要求我们从社会主义初级阶段基本国情和人们的思想实际出发，坚持以人为本，体现人文关怀；坚持重在建设，着力铸就人们的精神支柱；尊重差异性，包容多样性，在持之以恒中不断培育与壮大社会主义核心价值观的影响力。

首先，宣传普及核心价值理念，促进社会主义核心价值观大众化。要把这二十四个字的核心价值观，融入到国民教育、精神文明建设、党的建设的全过程，贯穿到改革开放和现代化建设的各个领域，特别是要体现到精神产品创作传播等方面，体现到公共文化服务体系、现代传播体系，使社会主义核心价值观家喻户晓，深入人心。

其次，倡导核心价值导向，建立培育和践行社会主义核心价值观的全社会认同评价体系。建立健全培育和践行以核心价值观为核心的社会评价体系，要在全社会形成崇尚核心价值观的价值导向，建立各种制度体系包括法律规范、行为准则、道德标准长效机制等使之成为制度和约束社会各种行为的框架。

再次，生产更多更好的体现社会主义核心价值观的产品，激励鼓励人们健康向上。文学艺术要从千百年来我国人民追求富强民主文明和谐的美好生活中，向往自由、平等、公正、法治的理想社会中，从人民群众爱国、敬业、诚信、友善感天动地的故事中汲取养分，创造更多更好的弘扬社会主义核心价值观的好作品，在人民中弘扬社会主义人文精神，倡导社会主义核心价值理念。

最后，建立长效机制，提供建立健全培育和践行社会主义核心价值观的制度保障。要把核心价值观的践行同法制建设结合起来，建立以德治国和以法治国相结合的法律道德机制，要把核心价值观的培育和践行与市民公约，职工职业规范，厂规厂纪，校规校纪，学生守则等建立健全结合起来，使核心价值观培育和践行变成人民群众的制度约束和自觉行为。

青少年是祖国的未来，民族的希望，对青少年要大力开展科学精神的教育，使青少年自觉热爱科学，立志用科学文化知识服务祖国、服务人民；要大力开展社会主义道德教育，培养大学生高尚的道德情操，使他们成为社会主义道德的实践者、倡导者；要坚持正确的价值观导向，以科学的理论武装人，以正确的舆论引导人，以高尚的精神塑造人，用优秀的作品鼓舞人，使青少年树立为共产主义事业奋斗终生的远大理想。

三、文化自觉、文化自信与文化自强

（一）文化自觉

文化自觉，主要指一个民族、一个政党在文化上的觉悟和觉醒，包括对文化在历史进步中地位作用的深刻认识，对文化发展规律的正确把握，对发展文化历史责任的主动担当。文化自觉是一种内在的精神力量，是对文明进步的强烈向往和不懈追求，是推动文化繁荣发展的思想基础。

从远古的结绳记事、图腾崇拜、神话传说到当代的广播电视、互联网络，人类一直保持着对文明进步的向往和追求。完全可以说，人类社会发展史实际就是人类文化进步史，一个国家一个民族的每一步前进都以相应的文化觉醒为前提为基础。中国共产党在90多年的艰辛探索和建设实践中，每一次跨越式的前进也都源自于深刻的理论觉醒和高度的文化自觉。可以说，是否具有高度的文化自觉，不仅关系到文化自身的振兴和繁荣，而且决定着一个民族、一个政党的前途命运。这种文化自觉的进一步提升主要包括这样两个方面：一是对文化意义、文化地位、文化作用的深度认同，二是对文化建设、文化发展、文化进步的责任担当。

第一，要始终保持对文化意义、文化作用、文化地位的深度认同。文化是人类基于自觉意识的灵感迸发、情感表达、观念创新，世界到处都烙上了人类文化的印记，文化也成为人类区别于其他动物的重要标志。

文化始终以一种无形的力量深刻地影响着有形的存在，它滋养人类、涵养社会、促进经济发展，对人类社会产生深远而持久的影响。社会发展进步到现阶段，文化对人类的影响比以往任何时候都更加广泛而深刻，文化日益成为民族凝聚力创造力的重要源泉，成为综合国力竞争的重要因素，成为经济社会发展的重要力量。

我们应当认识到：文化不仅具备震撼心灵、满足需求之精神力量，而且具备引领社会健康发展、激发民族创造活力之物质力量；一个国家的兴盛强大离不开文化，一个民族的传承延续离不开文化，整个社会的发展进步离不开文化。

还应当认识到：在全球化的今天，特别是西方发达国家企图用西方思想文化"一统天下"的背景下，一个拥有五千年文明和十三亿人口的东方大国，如果不能坚守中华民族的优秀传统文化，不能构建以社会主义核心价值体系为根本的当代先进文化，不能形成以文化事业文化产业快速发展为基础的文化软实力，建设富强民主文明和谐的社会主义现代化国家、实现中华民族伟大复兴只能成为一句空话。这样的认识，对每个人都应当是一种"主动意识"而不是"被认同"，并且是对文化内在涵义的深刻认识、深度认同，这才是我们所讲的高度文化自觉。

第二，要牢固树立对文化建设、文化发展、文化进步的责任担当。文化自觉不只是内在意识上的自觉醒悟，还应当是落实到行动上具有一定的责任担当。因为，文化是在长期延绵不断的建设中不断发展、不断进步的，不管是整个人类的文化，还是一个国家、一个民族的文化，都有一个长期不断积累积淀的过程。所以，我们对文化的责任担当理所当然要包括对文化建设的参与，对文化发展的推动，对文化进步的引领。

如果把一个国家、一个民族的文化看作是一座巍然屹立的高楼大厦，那么它必然是一砖一瓦、一层一级建造起来的。文化大厦建造的主体，是世代生活在这里的伟大劳动人民。文化大厦建造的过程，是一代人一代人的永续传承、接力推进。因此，每一个人都应当成为这个国家这个民族的文化的建设者、创造者、传承者。其中那些思想觉悟深、创新能力强、文化造诣高的人，就成为这个国家、这个民族的文化大师、文化大家。比如季羡林老先生，他是著名的古文字学家、历史学家、东方学家、思想家、翻译家、佛学家、作家。他精通12国语言。他的一生致力于语言、文学等研究，用他自己的话就是"梵学、佛学、吐火罗文研究并举，中国文学、比较文学、文艺理论研究齐飞"。当然，文化的发展不是简单的直线式的前进，而是螺旋式的上升的一个曲折的过程，必然会遭受挫折甚至存在毁灭的可能性。

文化发展进程中的这种复杂性和多变性，决定了文化进步推动者责任担当的艰巨和使命履行的艰难。在中国历史上，中华文化走过了五千年不平凡的发展历程，有多少人奉献了青春激情，有多少人饱受了屈辱艰辛，有多少人甚至牺牲了宝贵生命。在当代中国，中华文化传承发展和繁荣兴盛的历史重任，已经庄严地落在了中国共产党人肩上。中国共产党带领全国人民在革命、建设和改革的历史进程中，始终坚持先进文化前进方向，以思想文化的新解放新创造，为中国历史发展、社会进步注入了强大动力，不仅彻底改变了中国人的生存境遇，也彻底改变了中国人的文化面貌，重塑了中国人在世界上的文化形象。

中国共产党人推动文化大发展大繁荣的责任担当，在新的历史条件下无疑要表现为更高层面的文化自觉。这种责任担当，应该是一种用先进文化引领社会进步的责任担当，是一种永续传承中华民族优秀文化的责任担当，是一种让全体人民共享文化发展成果的责任担当，是一种在各种思想文化相互激荡条件下提高国家文化软实力、维护国家文化安全的责任担当。

（二）文化自信

文化自信，是一个国家、一个民族、一个政党对自身文化价值的充分肯定，对自身文化生命力的坚定信念。只有对自己文化有坚定的信心，才能获得坚持坚守的从容，鼓起奋发进取的勇气，焕发创新创造的活力。

中华民族素有文化自信的气度，正是有了对民族文化的自信心和自豪感，才在漫长的历史长河中保持自己、吸纳外来文化，形成了独具特色、辉煌灿烂的中华文明。同时也要看到，在对待自身文化的态度上，伴随着民族兴衰、国运沉浮，不时出现"自卑自弃"和"自大自傲"两种倾向，或多或少地对文化发展产生不良的影响。在当前传统文化与当代文化深刻纠结、东方文化与西方文化强烈碰撞的背景下，各种形态的文化交流、交融、交锋远远超过以往，这就要求我们理性审视历史传统文化、红色革命文化、民族民间文化、当代中国文化，积极借鉴和包容世界历史文化、异域民族文化、各国文明成果。

第一，要有对历史传统文化、红色革命文化、民族民间文化、当代中国文化的理性审视。我们所讲的文化自信，首先是正确地对待自己的文化，也就是对自己国家和民族优秀文化传统有应有的礼敬和自豪，对自身文化生命力量和文化发展前景有坚定执着的信念。对传统文化的合理因素和内在价值有科学的判断，简单明了地讲就是三句话：一是看得起，二是不自大，三是善梳理。对待自己的文化，那种蔑视传统的看法，那种数典忘祖的做法，实在是要不得的。特别是一个要自立于世界民族之林的大国，在文化上尤其不能忘了自己的根本。

这里需要指出的是，现在讲中国传统文化，一些人只讲孔孟，或者大多讲到两汉唐宋明清文化，而却很少提及近现代历史文化、红色革命文化。其实，19世纪尤其是20世纪以来，中国人民在浴血奋战的革命斗争中、在艰苦创业的建设实践中、在波澜壮阔的改革进程中，形成了优秀的文化传统，锻造了独特的文化精神，创作了不朽的文化精品，同样是中华文化的重要内容、宝贵财富，同样不能忘记，也不应忘记。那种颠覆英雄人物、亵渎革命传统的现象，其实是一种反文化行为；那种看不上当代中国制度文化、看不见中国发展成就、看不到中国文化的繁荣，其实是一种缺乏文化自信的表现。当然，看得起自己的文化，又不能自高自大、故步自封，必须进行理性的审视和科学的分析。正确对待自己的文化，重要的是在认真梳理的基础之上，取其精华，去其糟粕，不断进行文化创新。

第二，要有对世界历史文化、异域民族文化、各国文明成果的包容借鉴。对外来文化采取包容、借鉴、吸收的态度，是对自身文化充满自信的另层表达。中华文化生生不息、绵延不衰，固然是其内在本质和生命力决定的，但一个重要方面在于它有海纳百川的胸襟、有兼收并蓄的传统，这实质上就是其特有的自信气度。

当然中华文化历史长河确有过封闭保守的年代，也有过闭关锁国的教训，但开放包容始终是主流。特别是改革开放以来，中国人民对外来文化的学习了解、包容吸纳达到了一个新阶段，远胜于西方人对中国文化的傲慢甚至敌视态度。在这个全球化的新时代下，中华文化包容外来文化的气度和胸怀不会收缩、只会更大。需要强调的是，这种开放包容，要有更广阔的视野；坚持文化开放，又不能丢掉自己的根本；文化的包容借鉴，还必须是吸纳基础之上的创新再造。曾经有一种倾向，吸收借鉴外来文化，但是基本上都是对西方文化或者欧美文化。

其实，人类文明多种多样，世界文化多姿多彩。除西方文化、欧美文化外，诸如曾是古代文明发祥地的中东文化、南亚文化，创造过玛雅文明的拉美文化，还有被古人类学家称为人类起源地的非洲文化，都是值得我们学习借鉴的。对外来文化关注的视野越广阔，对中华文化补充的养分就越丰厚。在推进文化开放过程中，应当始终坚守中华民族文化立场，按照以我为主、为我所用的要求，吸纳世界各国文明之所长，吸收不同民族的优秀文化成果。在此基础之上，经过转化再造、创新创造，形成中国特色、中国风格、中国气派，具备中华文化特有的品格和气质，这才是在文化开放中发展中华文化的根本之道。

（三）文化自强

提升文化自觉，增强文化自信，目的是要实现文化自强。所谓"自"，意思就是立足自己的实际、依靠自己的力量、突出自己的特色，走自己的文化发展道路，建设面向现代化、面向世界、面向未来，民族的、科学的、大众的社会主义文化；文化自强的"强"，就是要使我们的文化具有强大吸引力影响力、强大活力创造力、强大实力竞争力，把我国建设成一个中国特色社会主义文化强国。

长期以来都称我国是文明古国、文化大国，努力把我国建设成一个中国特色社会主义文化强国，体现的是一种具有历史感和时代性的远见卓识。十八大明确提出努力建设社会主义文化强国，这是党中央立足中国特色社会主义事业发展全局、深刻总结文化建设历史经验、科学分析当前形势、着眼推动我国文化长远发展提出的重大战略思想，其基础就是我们党拥有的高度文化自觉、文化自信，也是全体人民共同期盼的文化自强的合理表达。如何实现这样的文化自强，如何建设社会主义文化强国，重要的是需要我们对文化道路、文化方向、文化灵魂有正确的把握，对文化创造、文化传播、文化事业、文化产业发展、文化人才队伍培养有全面协调的整体推进。

第一，要有对文化道路、文化方向、文化灵魂的正确把握。路径关系全局，方向决定成败。选择什么样的文化发展道路，就能培育与之相适应的文化。坚持走中国特色社会主义文化发展道路是由我国的社会主义制度和我们党的性质宗旨决定的，这一文化发展道路是在改革开放以来中国特色社会主义伟大实践中逐步开辟的，也是对五千多年中华民族优秀传统文化的最好继承与弘扬。实践证明，中国特色社会主义文化发展道路，是一条不断孕育先进思想文化的正确道路，是一条实现文化科学发展的正确道路。

沿着这样一条道路建设发展的文化，必然是社会主义先进文化，即是反映先进生产力要求、代表历史前进方向、体现人民根本利益的文化，符合当今时代潮流、引领社会发展进步的文化，具有强大凝聚力、创造力、生命力的文化。坚持文化发展的正确道路和方向，关键是充分体现社会主义核心价值体系这个灵魂和精髓。用社会主义核心价值体系凝魂聚气，是中国特色社会主义文化发展道路的根本要求，是坚持社会主义先进文化前进方向的应有之义。实现文化自强、建设文化强国，必须把建设社会主义核心价值体系作为根本任务，融入国民教育、精神文明建设和党的建设全过程，贯穿改革开放和社会主义现代化建设各领域，体现到精神文化产品创作生产传播的各方面。

实践证明，文化之于民众的凝聚力，很大程度上取决于渗透其中的核心价值体系的感召力；文化之于国家的软实力，很大程度上取决于其代表的核心价值体系的竞争力。只有坚持不懈地用社会主义核心价值体系来引领我们的文化建设，才能形成巩固团结奋斗共同思想道德基础的文化凝聚力，形成展示当代中国形象的文化软实力。

第二，要有对文化创造、文化传播、文化事业产业发展、文化人才队伍培养的协同推进。文化建设，内容为王。促进文化繁荣兴盛，文化创造是第一要务。这里讲的文化创造，既包括文学艺术创作，还包括新闻写作、图书出版、理论创新与阐释等多个方面。我国当下文化产品创作生产，其数量和规模可谓历史空前，关键是如何提高质量和水平。

应当看到，我们所处的时代是一个大发展、大变革、大开放的时代，新的社会实践为文化创造提供了极为丰富的新思想、新题材、新土壤。我们的文化工作者应当始终坚持以人民为中心的创作导向，秉持正确的文化理想和价值追求，在深入实际、深入群众、深入生活的基础上，潜心创作、细心推敲、精心打磨，以更多高质量的、经得起实践和历史检验的精品力作，来讴歌伟大时代、来激励广大人民。新形势下，文化的影响力既取决于其内容的独特魅力，也取决于其是否具有高效的传播能力。

简单地说就是：传播力决定影响力。推进文化建设过程中，应注重搭建更广阔的传播平台，建立更通畅的传播渠道，采用更丰富的传播手段，使社会主义先进文化传播得更远更广，对受众的影响更深刻更有效。这当中，还有一个借助科技和市场提升文化传播力的问题。要大力倡导利用科技创新成果进一步增强文化传播的效果，大力推动利用市场机制和产品营销进一步提高文化传播的效率。文化创造也好、文化传播也好，都必须以文化事业、文化产业发展为基础。无论实现文化自强，还是建设文化强国，都离不开文化事业的强盛，离不开文化产业的强大。

要坚持以政府为主导，大力发展公益性文化事业，优先安排与群众切身利益紧密相关的文化项目，深入实施好重点文化惠民工程，推动形成覆盖全社会的公共文化服务体系。要坚持以市场为主导，大力发展经营性文化产业，实行大战略引领、大项目带动，以大企业为骨干，走集约化规模化发展之路，推动文化产业成为国民经济支柱性产业。

推动社会主义文化大发展大繁荣，队伍是基石、人才是保障。各领域文化拔尖人才，是文化建设的领军人物，是文化强国的重要标志，在一定程度上是国家的文化代言人。要牢固树立人才资源是第一资源的观念，把文化人才队伍建设摆在更加突出的位置，抓紧培养一大批善于开拓文化新领域的拔尖创新人才，培养一大批掌握现代传媒技术的专门人才，培养一大批懂经营善管理的复合型人才，培养一大批适应文化"走出去"需要的国际化人才，为社会主义文化大发展大繁荣提供有力人才支撑。

推动文化创造、文化传播，促进文化事业、文化产业发展，加快文化人才队伍培养，还有一个体制机制、动力源泉的问题。好的体制机制来自改革，文化发展动力源于改革。党的十六大以来，是改革给文化发展带来好的体制环境，是改革给文化建设增添了新的动力活力，这已经得到社会各方面的普遍认同。

现在，建设社会主义文化强国的宏伟目标对我们提出了新的要求，文化体制改革正处于攻坚克难、深入推进的新阶段。要按照"加大力度、加快进度、巩固提高、重点突破、全面推进"的总思路，继续深化文化体制改革，着力破解改革中遇到的关键难题，着力破除文化发展面临的体制机制障碍，包括文化创造和文化传播面临的体制机制障碍、文化事业和文化产业发展面临的体制机制障碍、文化队伍建设和人才培养面临的体制机制障碍，使文化建设始终保持蓬勃生机和旺盛活力。

总之，学习贯彻党的十八大精神是一个长期的过程，实现建设社会主义文化强国目标也是一个长期的过程。全党全社会都应当在十八大精神指引下不断提升文化自觉、增强文化自信，在中国特色社会主义文化发展道路上建设文化强国、实现文化自强。我们有理由相信也应该相信，中华文化发展前景广阔、大有可为；我们必须牢记也应该牢记，中华文化繁荣兴盛任重道远，需要全体中华儿女坚持不懈地开拓前进、不断前进。

第四节　科教兴国与文化强国

一、科技是第一生产力与科教兴国

（一）科学技术是第一生产力

"科学技术是第一生产力"是邓小平科技思想的首要观点，也是邓小平科技思想的精髓。这一观点的提出，反映了我们党对科学技术地位和作用的认识，经历了两个转变，即从"否定"到"肯定"的转变，从"之一"到"第一"的转变，把科学技术作为生产力的第一要素。这一论断是邓小平对马克思主义关于科学技术和生产力理论的重大发展。

马克思在《资本论》、《政治经济学批判（1857—1858年草稿）》等著作中提出，科学在任何社会都是一般的社会生产力，而在大工业生产条件下，由于科学并入了生产，因而它也就成了"直接的生产力"。这就肯定了科学技术是属于生产力的范畴。列宁、毛泽东继承了马克思的这一思想。但是，邓小平是第一位把科学技术从生产力诸要素中突出出来，这在马克思主义发展史上也是第一次。到了20世纪90年代，国际社会提出，人类已经进入"知识经济"时代，这也进一步验证了邓小平论断的正确性。我们对生产力内涵的认识随着实践的发展逐步深化，从"一般生产力"到"直接生产力"，再到"第一生产力"。

邓小平在深刻论述科学技术是第一生产力这一观点的基础上，全面论述了科技发展的历史和现状，从实现党在新时期奋斗目标的战略高度，反复强调："不抓科学、教育，四个现代化就没有希望，就成为一句空话"，"我们要实现现代化，关键是科学技术要能上去"，"我们国家要赶上世界先进水平，从何着手呢？我想要从科学和教育着手"。

提出"科学技术是第一生产力"的论断，表达了科学技术对世界的深刻影响，展现了科学技术一往无前的持续发展前景。这是一个当代社会的新事实，是再也不能用任何过去旧的社会观念来观察和理解的。科学技术是第一生产力，要求中国共产党人在实现中华民族伟大复兴的进程中，必须高度重视科学技术在当代生产力中的中心位置，明确科学技术在现代文明发展中的至上性和不可超越性，真正以科技的崛起来推动民族的崛起。

科学技术是第一生产力的重要原因：首先，科学技术在生产力诸要素中起着第一位的作用。科学技术是生产力，这是马克思主义历来的观点。早在100多年前，马克思就说过，机器生产的发展要求自觉地应用自然科学，并且指出："生产力中也包括科学。"现代科学技术的发展，使科学与生产力的关系越来越密切了。科学技术作为生产力，越来越显示出巨大的作用。

现代科学技术正在经历着一场伟大的革命。近些年来，几乎各门科学技术领域都发生了深刻的变化，出现了新的跨越，产生并且正在继续产生一系列新兴高新科学技术。现代科学为生产技术的进步开辟道路，决定它的发展方向。许多新的生产工具，新的工艺，首先在科学实验室里被创造出来。理论研究一旦获得突破，迟早会给生产和技术带来极其巨大的进步。当代自然科学正以空前的规模和速度，应用于生产，使社会物质生产的各个领域面貌一新。特别是计算机技术、通讯技术、自动化技术的发展，正在迅速提高生产自动化的程度。同样数量的劳动力，在同样的劳动时间里，可以多比过去生产出几十倍、甚至几百倍的产品。社会生产力有这样巨大的发展，劳动生产率有这样大幅度的提高，主要是靠科学的力量、技术的力量。

其次，这是由科学技术对国民经济增长的贡献率决定的。现代科学已经广泛渗透到经济活动中社会生产的各个环节，其对国民经济增长所起的作用之大，已到了令人瞠目结舌的程度。科学技术既能促进经济量的增长，又能促使经济产生质的飞跃，促进劳动结构、经济结构、产业结构、生产方式等方面的深刻变革。据统计，第二次世界大战以后，创新型国家科技创新对GDP的贡献率高达70%以上，美国和德国甚至高达80%，而中国现在科技创新对GDP的贡献率只有40%左右。邓小平高瞻远瞩，他把21世纪称为"高科技发展的世纪"，很早就提出"发展高科技，实现产业化"的时代警示，并且提出，中国必须发展自己的高科技，在世界高科技领域占有一席之地。

最后，这是由知识在现代社会生产中所起的作用决定的。据统计，人类知识的增长，19世纪是每50年增加1倍，20世纪中叶是每10年增加1倍，现在则是3至5年增加1倍。人类社会的发展已从"生产——技术——科学"向"科学——技术——生产"的现代发展模式转变。这表明，发展的优势蕴藏在知识和科学技术之中。科学研究是进行知识创新或进行创造知识的劳动，知识也属于生产力的范畴。随着人类知识经济时代的到来，知识已经被认为是提高生产率和促进经济增长的最佳动力。肯定科学技术是第一生产力，就是要尊重知识、尊重人才、尊重创造，特别是进行知识创新、技术发明创造的人才，不但肯定知识分子是工人阶级的一部分，而且随着知识在社会生产和社会生产力系统中作用的提高，知识分子的作用将越来越重要。为此，党的十八大报告提出"要尊重劳动、尊重知识、尊重人才、尊重创造，加快确立人才优先发展战略布局，造就规模宏大、素质优良的人才队伍"。

（二）实施科教兴国战略

中国是世界上最大的发展中国家，要想加快社会主义现代化建设的进程，尤其需要大力贯彻科学技术是第一生产力的思想。经过半个世纪的艰苦奋斗，我国的科技实力有了很大发展，但是我国国情仍然是人口多、底子薄，人均资源不足，生产力相对不发达。产业结构不合理，技术水平落后，劳动生产率低，经济增长质量等级低，这些都制约着我国发展的步伐。这些问题的根本解决途径就在于科技的进步和创新。

以江泽民同志为核心的党的第三代领导集体站在时代的前沿，十分重视科技和教育。1995年5月，《中共中央、国务院关于加速科学技术进步的决定》和随后召开的全国科学技术大会，明确提出了科教兴国战略。1996年，八届全国人大四次会议通过的"九五"计划和2010年远景目标纲要，把实施科教兴国战略确定为今后15年国民经济和社会发展必须认真贯彻的重要方针之一。

科教兴国，就是全面落实科学技术是第一生产力的思想，坚持教育为本，把科技和教育摆在经济发展、社会发展的重要位置，增强国家的科技实力和科学技术向现实生产力转化的能力，提高全民族的科学文化素质，把经济建设依靠资源的消耗转移到依靠科技进步和提高劳动者素质的轨道上来。

实施科教兴国战略，要从国家长远发展需要出发，制定中长期科学发展规划，统观全局，突出重点，有所为、有所不为，加强基础性研究和高技术研究，推进关键技术创新和系统集成，实现技术跨越式发展，加快推进高新技术产业化，走新型工业化道路。要强化应用技术的开发和推广，促进科技成果向现实生产力转化，集中力量解决经济社会发展的重大和关键技术问题。

科教兴国战略中的"科学"包括自然科学和社会科学两个方面。在认识和改造世界的过程中，哲学社会科学与自然科学同样重要；培养高水平的哲学社会科学家，与培养高水平的自然科学家同样重要；提高全民族的哲学社会科学素质，与提高全民族的自然科学素质同样重要；充分发挥哲学社会科学人才的作用，与发挥自然科学人才的作用同样重要。我们要把发展哲学社会科学和发展自然科学放在同样重要的地位，以充分发挥哲学社会科学在认识和改造世界中的作用。

全面落实科学技术是第一生产力的思想，实施科教兴国战略，大力促进科技发展，关键在于创新。江泽民同志指出："创新是一个民族进步的灵魂，是国家兴旺发达的不竭动力。"创新，揭示了科学技术进步的内在特点。科学技术的本质就是创新。而当今世界各国综合国力竞争的核心，就是比科技创新的质量和数量，比科学技术产业化的速度和效益。21世纪，科技创新将成为生产力发展的主要标志和社会发展的内在动力，决定着一个国家、一个民族的发展进程。离开了科技创新，一个民族就难以兴旺发达，难以屹立于世界民族之林。

实现科技创新，关键是建立和完善国家创新体系。要从新世纪中国发展的战略需要出发，瞄准世界科技发展前沿，明确新的科技发展目标，调整现有的运行机制，全面增强科技创新能力，形成有利于中国科技快速发展的创新体系。

科技创新的主体是企业。美国政府的科研投入只占社会全部科研投入的20％，日本政府更是把这一比例降到了10％以下。在日本，大量的科研工作，甚至一些基础性研究工作都是由企业唱主角。企业创新能力的落后是中国在科技上落后的一个重要方面，要在实践中积极探索促进科研院所与企业结合的有效途径，科研院所和大专院校与有关联的企业加强协作，通过整合资源、促进产学研有机结合推动经济发展，使企业真正成为科研开发和技术创新的主体。

实现创新的关键是人才。当今世界的竞争，从根本上说是人才的竞争。要加快科学技术的发展，靠什么？主要还是靠人才。人才是最关键、最根本的因素。要把尊重劳动、尊重知识、尊重人才、尊重创造，作为党和国家的一项重大方针在全社会认真贯彻，要在各行各业、各个领域普遍建立起有利于人才成长和脱颖而出的机制。

二、文化软实力与文化强国

（一）软实力和文化软实力

"软实力"是美国著名的政治学家约瑟夫·奈于20世纪90年代首先提出来的，主要包括文化的吸引力和感染力；对外政策、意识形态和政治价值观的吸引力等。

在约瑟夫·奈看来，软实力实际上是一种无形的精神力量，由一国的意识形态、价值观念、文化感召力、政府素质等指标所构成，并通过非强制性的方式表达出来。它既可增强一国民众的凝聚力和意志力，提高政府应对国内外事务的能力，又可影响该的政策、制度、行为等，其效力远比经济、军事手段更明显和长久。

近年来，国际政治学界也引入了软实力的概念，把综合国力区分为物质要素和精神要素两部分，即硬实力和软实力。总体来说，以资源、经济、科技、军事为主的硬实力是有形的国力；而国内各民族的凝聚力、精神面貌、思维能力与认识水平、社会稳定性、国家动员能力、政治社会体系、教育、外交影响力等因素属于软实力。虽然综合实力主要表现为硬实力的质量与数量，但软实力却比硬实力更为内在，更加深刻，更具有精神特质，从而更能决定一个国家与民族的历史走向及基本品质，它不仅是硬实力的补充，而且决定了硬实力的有效发挥程度。

文化软实力是指一个国家或地区文化的影响力、凝聚力和感召力，文化作为最重要的软实力之一，对一个民族、国家和地区的发展起着越来越重要的作用，它可以创造生产力，提高竞争力，增强吸引力，形成凝聚。20世纪90年代以来，发达国家、新兴工业化国家和地区调整文化政策。制定国家文化发展战略，美国、日本、韩国、新加坡、欧盟各国等都是这一轮文化软实力竞争的积极推动者。

（二）中国文化软实力的现状

改革开放30多年来，中国文化软实力取得了可喜成绩。

首先中国文化软实力的优势文化产业的发展成为新亮点。国民用于娱乐、休闲等方面的文化消费支出也越来越大，这给文化产业的发展提供了前所未有的机遇。中国的文化产业虽然起步较晚，但近年来取得了长足的发展。文化部发布的最新数据表明，"十一五"期间，我国文化事业费逐年增加，增长速度保持在18%以上的较高水平。"十一五"时期的前四年，全国文化事业费为897.35亿元，年均增长21.6%。

国家广电总局电影局发布的数据统计显示，2012年，全年生产故事影片745部（含电影频道出品的数字电影92部），动画影片33部，纪录影片15部，科教影片74部，特种电影26部，全年生产的各类电影总量达到893部。2012年，全国电影总票房达到170.73亿元，同比增长30.18%，成为全球第二大电影市场。而《人再囧途之泰囧》更是创造了12.66亿元的国产电影最高票房的新纪录。同时，一大批极具中国特色的文艺表演不仅在国内得到了广大观众的赞誉，同时在国外也获得了巨大的成功，如中华武术、杂技艺术等。

其次，文化价值观逐步得到认同。2008年北京奥运会和2010年上海世博会的成功举办，中国和不同的国家举行文化节，比如2012年中国俄罗斯文化节，中国西班牙文化节等，更是提供了一个让中国了解世界，也让世界了解中国的最佳平台。来自全世界不同地区、不同国家的文化汇同于此。在国际舞台上，西方世界所倡导的民主、法制价值观长期处于主导地位，中国提出的"和谐世界"理念成为中国文化价值观中普世性的最佳体现，它让人们了解到中国的和谐理念，并在世界范围内产生了强烈的价值认同。

最后，"负责任大国"的国际形象深得人心。国际形象是一个国家对外交流的名片，是衡量一个国家影响力的重要指标。新中国成立以来，中国在国际上一直是友好的、负责任的大国形象。中国提出的"和平共处五项原则"为处理国家之间的问题提供了基本的行为规范；中国长期对第三世界国家的援助，获得了第三世界人民的好评；中国在处理国际事务中坚持和平友好的对外政策，更是获得了世界各国人民的赞扬和尊重。这些实实在在地彻底改变了旧中国"落后就要挨打"的国际局面，中国是一个"负责任的大国"形象得到了广泛的认同。

中国文化大发展，在取得成绩、增强实力的同时，中国文化软实力的发展也存在许多不足之处。

首先，中国传统文化的精髓发扬不足，有待于进一步发掘中华民族的优良传统，传统文化的现代化急需完成。在吸收国外优秀文化的同时，要保持自身文化的优秀特质，不能被吸收的文化所同化，只有在立足于本国优秀文化的基础上，吸收借鉴其他民族文化的精髓，发掘本民族文化的优良之处，才能形成国家强大的软实力。

其次，发扬中国文化离不开现代化的传播途径，建设现代化的文化传播途径意义非常重大。近代以来，由于中国国情比较特殊，文化软实力建设起步晚，文化现代化程度相对较低，不利于中国文化走向世界。中国新华社相较于美国美联社、英国路透社、法国法新社和俄罗斯塔斯社来说，世界话语权相对不足；中国的电影等传媒产业发展也不健全，中国文化的现代传媒手段需要进一步发展。

（三）推进社会主义文化强国建设

胡锦涛同志在十八大报告中提出，扎实推进社会主义文化强国建设。

文化是民族的血脉，是人民的精神家园。全面建成小康社会，实现中华民族伟大复兴，必须推动社会主义文化大发展大繁荣，兴起社会主义文化建设新高潮，提高国家文化软实力，发挥文化引领风尚、教育人民、服务社会、推动发展的作用。

建设社会主义文化强国，必须走中国特色社会主义文化发展道路，坚持为人民服务、为社会主义服务的方向，坚持百花齐放、百家争鸣的方针，坚持贴近实际、贴近生活、贴近群众的原则，推动社会主义精神文明和物质文明全面发展，建设面向现代化、面向世界、面向未来的，民族的、科学的、大众的社会主义文化。

建设社会主义文化强国，关键是增强全民族文化创造活力。要深化文化体制改革，解放和发展文化生产力，发扬学术民主、艺术民主，为人民提供广阔的文化舞台，让一切文化创造源泉充分涌流，开创全民族文化创造活力持续迸发、社会文化生活更加丰富多彩、人民基本文化权益得到更好保障、人民思想道德素质和科学文化素质全面提高、中华文化国际影响力不断增强的新局面。

一是要加强社会主义核心价值体系建设。要深入开展社会主义核心价值体系学习教育，用社会主义核心价值体系引领社会思潮、凝聚社会共识。推进马克思主义中国化、时代化、大众化，坚持不懈地用中国特色社会主义理论体系武装全党、教育人民。广泛开展理想信念教育，把广大人民团结凝聚在中国特色社会主义伟大旗帜之下。大力弘扬民族精神和时代精神，深入开展爱国主义、集体主义、社会主义教育。倡导富强、民主、文明、和谐，倡导自由、平等、公正、法治，倡导爱国、敬业、诚信、友善，积极培育社会主义核心价值观。

二是要全面提高公民道德素质。要坚持依法治国和以德治国相结合，加强社会公德、职业道德、家庭美德、个人品德教育，弘扬中华传统美德，弘扬时代新风。推进公民道德建设工程，弘扬真善美、贬斥假恶丑，引导人们自觉履行法定义务、社会责任、家庭责任，营造劳动光荣、创造伟大的社会氛围，培育知荣辱、讲正气、做奉献、促和谐的良好风尚。深入开展道德领域突出问题专项教育和治理，加强政务诚信、商务诚信、社会诚信和司法公信建设。加强和改进思想政治工作，注重人文关怀和心理疏导。深化群众性精神文明创建活动，广泛开展志愿服务，推动学雷锋活动、学习宣传道德模范常态化。

三是要丰富人民精神文化生活。要坚持以人民为中心的创作导向，提高文化产品质量，为人民提供更好更多的精神食粮。坚持面向基层、服务群众，加快推进重点文化惠民工程，加大对农村和欠发达地区文化建设的帮扶力度，继续推动公共文化服务设施向社会免费开放。建设优秀传统文化传承体系，弘扬中华优秀传统文化。推广和规范使用国家通用语言文字。繁荣发展少数民族文化事业。开展群众性文化活动，开展全民阅读活动。加强和改进网络内容建设，唱响网上主旋律。普及科学知识，弘扬科学精神，提高全民科学素养。广泛开展全民健身运动，促进群众体育和竞技体育全面发展。

四是要增强文化整体实力和竞争力。要坚持把社会效益放在首位、社会效益和经济效益相统一，推动文化事业全面繁荣、文化产业快速发展。发展哲学社会科学、新闻出版、广播影视、文学艺术事业。加强重大公共文化工程和文化项目建设，完善公共文化服务体系。促进文化和科技融合，发展新型文化业态，提高文化产业规模化、集约化、专业化水平。构建和发展现代传播体系，提高传播能力。扩大文化领域对外开放，积极吸收借鉴国外优秀文化成果。

我们一定要坚持社会主义先进文化前进方向，树立高度的文化自觉和文化自信，向着建设社会主义文化强国宏伟目标阔步前进。

结 束 语

改革开放以来，中国文化建设坚持"为人民服务，为社会主义服务"的方向和"百花齐放、百家争鸣"的方针，大力传承中华民族优秀传统文化，积极吸收世界优秀文化成果，文化事业和文化产业蓬勃发展，取得了令人瞩目的成就。

文艺创作不断繁荣。各级文化部门不断加强对艺术创作的扶持和引导，组织中国艺术节、中国戏剧节等活动，为艺术创造搭建展示舞台，营造良好环境。广大艺术工作者积极投入艺术创作活动，深入到人民群众内部中去，努力满足广大人民群众的精神文化需求。

公共文化服务体系基本形成。随着工作理念的不断深化，社会文化工作逐步从"唱唱跳跳"的一般性活动组织向公共文化服务体系建设转变。随着国家对公共文化事业投入的不断加大，各级文化设施建设不断推进，逐步建成覆盖城乡的公共文化服务网络。

文化市场和文化产业蓬勃发展。目前，我国基本形成了由娱乐市场、演出市场、音像市场、电影市场、网络文化市场、艺术品市场等组成的统一、开放、竞争、有序的文化市场体系。以综合行政执法、社会监督、行业自律、技术监控为主要内容的文化市场监管体系初步建立，文化市场法规不断完善。

文化体制改革不断深化。根据中央提出的改革目标和任务，改革不断深入。一批经营性文化事业单位完成转企改制，建立了现代企业制度。

文化建设的保障体系更加完善。一是国家各级财政逐步加大文化投入，为文化繁荣发展提供了坚实的物质基础。二是不断完善文化政策。出台了一系列促进文化发展的财税优惠政策，鼓励社会力量办文化。三是加强文化法制建设。文化法律框架体系初步形成。深化行政审批制度改革，大幅度取消和下放行政审批项目。

与此同时，由于中国处于并将长期处于社会主义初级阶段的基本国情没有变，人民群众日益增长的物质文化需求同落后的社会生产之间这一社会主要矛盾没有变，文化建设中还存在着整体发展水平还不高、发展的体制机制还不健全和文化软实力亟需提升等问题。

在新的历史起点，我们将高举中国特色社会主义伟大旗帜，以科学发展观为指导，努力提高文化产品和服务的质量，满足人民多样化的文化需求，深入推动文化体制改革，进一步解放和发展文化生产力，进一步提升软实力，增强中华文化的凝聚力、影响力和感召力，加强人才队伍和法制建设，转变政府职能，为文化发展提供智力支持和制度保障，努力推动文化大发展大繁荣，兴起社会主义文化建设新高潮。